わからないを
わかるにかえる

英検®単語帳

5級

JN060649

BUNRI

英検®は、公益財団法人 日本英語検定協会の登録商標です。

はじめに INTRODUCTION

この度，大人気の超基礎問題集『わからないをわかるにかえる』の英検シリーズに単語帳が登場しました。英検合格を目指してがんばるみなさまの中には，「おぼえたつもりなのに，試験に出るとわからない」「試験までに1冊の単語帳をやり切れない」といった悩みを抱えている方々も多いのではないかと思います。これらの悩みを解決するべく，様々な工夫を凝らした**絶対におぼえられる**単語帳が誕生しました。

≪ 絶対におぼえられる ≫ 5つの工夫

1 別冊の『テストブック』で定着が確認できる！

本書には別冊で『わかるにかえる！5分間テストブック』をつけました。単語帳の1回分の学習量（見開き2ページ）に1ページで対応しています。**すべての単語・熟語**が出題されるので，もれなく定着の確認ができます。

2 単語・熟語を厳選し，1単元分の取り組む分量が明確だから，最後までやり切れる！

過去問を分析し，**合格に必要な単語・熟語を厳選**。**単語帳2ページ＋テストブック1ページ**で，計画的に勉強を進めやすい構成にしました。

3 開きやすいから書き込んで使える！

つくえの上で開いて書き込みができるように，**開きやすい製本**にしました。単語帳に書き込みをしたり，単語帳を見ながら別の紙に写したり…定着に欠かせない**「書く」**練習にも最適です。

4 掲載されているすべての英語を無料の音声で確認できる！

単語帳に掲載されている**すべての見出し語・フレーズ・例文**に音声をつけました。音声を聞きながら勉強すると，リスニング問題にも役立ちます。

5 無料単語学習アプリ『どこでもワーク』でいつでもどこでも見直せる！

スキマ時間にも学習ができる単語学習アプリをつけました。**単語・熟語カード**と**3択クイズ**の2つの機能によって，くりかえし学習することが可能です。

もくじ CONTENTS

イラスト：
クボトモコ,
しゅんぶん,,
寺井さおり,
BONNOUM

この本の構成

(単語編)

過去問を分析して，英検によく出る単語を**カテゴリー別**に収録しました！

●**イラスト**：単元で扱うすべての単語のイラストです。

●**見出し語**：英検によく出る順番で単語を紹介します。

●**フレーズと和訳**：英検によく出る形で紹介します。見出し語にあたる部分の和訳は赤シートで隠すことができます。

●**チェック欄**：おぼえていなかった単語には✓を入れましょう。

●**発音記号・カタカナ表記**：見出し語の読み方を表します。カタカナ表記はあくまでも目安です。

●**見出し語の和訳**：英検によく出る意味を中心に紹介します。赤シートを使ってチェックができます。

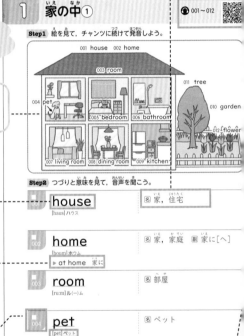

単語帳

1 家の中①

🔊 001～012

Step1 絵を見て，チャンツに続けて発音しよう。

001 house 002 home
003 room
004 pet
005 bedroom 006 bathroom
007 living room 008 dining room 009 kitchen
011 tree
010 garden
012 flower

Step2 つづりと意味を見て，音声を聞こう。

001
house
[haus] ハウス
图 家，住宅

002
home
[houm] ホウム
图 家，家庭 副 家に[へ]
▶ at home 家に

003
room
[ru:m] ル(ー)ム
图 部屋

004
pet
[pet] ペット
图 ペット

12

●**コメント**：単語をおぼえるための知識や英検で出題されるときのポイントをキャラクターが説明します。

※このコンテンツは，公益財団法人 日本英語検定協会の承認や推奨，その他の検討を受けたものではありません。

005	bedroom [bédru:m] ベドゥル(ー)ム	名 寝室
006	bathroom [bǽθru:m] バスル(ー)ム	名 浴室
007	living room [líviŋ rù:m] リヴィング ル(ー)ム	名 居間
008	dining room [dáiniŋ rù:m] ダイニング ル(ー)ム	名 食堂，ダイニングルーム
009	kitchen ●発音 [kítʃən] キチン	名 台所
010	garden [gá:rdn] ガードゥン	名 庭
011	tree [tri:] トゥリー	名 木
012	flower [fláuər] フラウア	名 花

アメリカでは，bathroomは「トイレ，手洗い」を指すこともあるよ。

●単語の問題：すべての単語に対応した問題を収録。赤シートを使って定着をチェックしましょう。取り外して持ち運ぶこともできます。

テストブック

> 「5分間テストブック」を解いてみよう！ → 別冊 p.4

テストブック対応ページ

1 家の中①

1 次の絵を表す単語をおぼえているか確認しましょう。わからなかったものにはチェックを入れましょう。

□(1) flower
□(2) tree
□(3) bathroom
□(4) bedroom
□(5) dining room
□(6) kitchen

ヒント ＊ bedroom ＊ bathroom ＊ dining room ＊ tree ＊ kitchen

2 次の日本語の意味を表す英語をおぼえているか確認しましょう。わからなかったものにはチェックを入れましょう。

□(1) 家，住宅 house
□(2) ペット pet
□(3) 部屋 room
□(4) 庭 garden
□(5) 居間 living room

ヒント ＊ house ＊ room

> おぼえていなかった単語は 単語帳 12 ページ にもどって、もういちど確認しよう。

4

単語帳対応ページ

単語帳 と テストブック を いったりきたり！ くりかえし学習する ことが大切。

POINT!

5

この本の構成

(熟語編・会話表現編)

熟語編

過去問を分析して，**よく出る熟語をイラストとあわせて収録しました。**
英検によく出る用例を調べ，すべてに例文を掲載。
音声を聞きながら学習しましょう。

会話表現編

過去問を分析して，**よく出る40の表現を**厳選しました。
すべての表現に場面設定がわかるイラストと音声が付いています。

熟語も **テストブック** に対応！すべての熟語の定着をチェックできます。

📄 表記・音声について

表記について

品詞	動 動詞　名 名詞　形 形容詞　副 副詞　接 接続詞 前 前置詞　代 代名詞　助 助動詞　冠 冠詞　間 間投詞
語形変化	複 不規則に変化する名詞の複数形 三 不規則に変化する動詞の三人称単数現在形
発音・ アクセント	🔊 発音　　　　　▼ 発音に注意するべき語　アクセントに注意するべき語の，強く読む文字の上に置いています。
その他の表記	▶ フレーズ・例文 ( ) 省略可能，補足説明　[ ] 直前の語句と言い換え可能

音声の再生方法　本書では以下の音声を ❶ ～ ❸ の3つの方法で再生することができます。

● **単語編**：チャンツ，見出し語→見出し語の和訳，見出し語→フレーズ・例文（英語）
● **熟語編**：チャンツ，見出し語→見出し語の和訳，見出し語→例文（英語）
● **会話表現編**：例文（英語）

1 QRコードを読み取る

各単元の冒頭についている，QRコードを読み取ってください。

1	家の中①	🎧 001～012	

ここにあるよ！

2 PC・スマートフォンからアクセスする

WEBサイト **https://listening.bunri.co.jp/** へアクセスし，
アクセスコード [CXVNP] を入力してください。

3 音声をダウンロードする

文理ホームページよりダウンロードも可能です。
URL：https://portal.bunri.jp/kaeru/eiken-tango/appendix.html
※【スマホ推奨ブラウザ】iOS 端末：Safari　Android 端末：標準ブラウザ，Chrome

この本の使い方 単語帳とテストブック ✏

英単語を絶対に忘れないために，本書のおすすめの使い方を紹介します。

1回分の使い方

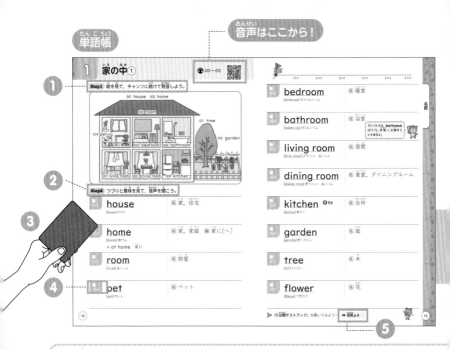

▶「5分間テストブック」を解いてみよう！ → 別冊 p.4

HOW TO USE

❶ **絵を見て，チャンツに続けて発音する** Step1 の指示文に従って，絵を見ながらチャンツに続けて発音します。

❷ **つづりと意味を見て，音声を聞く** Step2 の指示文に従って，単語と和訳の音声を聞きます。フレーズや例文があるページではその音声も確認しましょう。

❸ **赤シートで確認する** 見出し語の和訳を隠しておぼえているかどうか確認します。

❹ **チェックする** すぐに意味が思い浮かばなかった単語にはチェックをつけておきます。復習して完全に身についていたら，チェックを消しましょう。

❺ **別冊のテストブックに挑戦する** テストブックの該当のページを開きましょう。

単語学習アプリ どこでもワーク

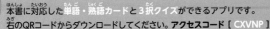

本書に対応した単語・熟語カードと3択クイズができるアプリです。
右のQRコードからダウンロードしてください。アクセスコード [CXVNP]

※音声配信サービスおよび「どこでもワーク」は無料ですが, 別途各通信会社の通信料がかかります。
※お客様のネット環境および端末によりご利用いただけない場合がございます。

テストブック

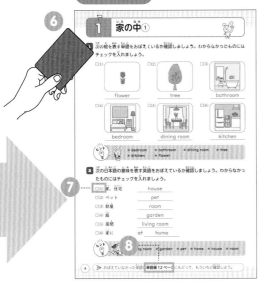

単語帳で
おぼえたあとに,
テストでチェック。
スキマ時間は
どこでもワークを
活用すればカンペキ！

ここまでで…
15分！

⑥ テストをとく 赤シートを使ってテストをときます。
テストでは単語帳の見開き2ページで学習したすべての単語の確認ができます。

⑦ チェックする わからなかった単語にはチェックをつけておきます。

⑧ 単語帳対応ページを確認する テストで間違えたところは単語帳にもどってもう
一度確認しましょう。

この本の使い方 タイプ別学習方法 🖊

英単語を絶対に忘れないために，本書のおすすめの使い方を紹介します。

本番まで2か月

コツコツゆっくりコース

スタート！		
2か月前	1か月前	本番

毎日1単元ずつ

チェックが入った単語を復習

2か月お疲れ様！
チェックが入った
単語を
総復習しよう！

本番まで1か月

週末集中コース

スタート！	
1か月前	本番

週末に7単元×2日

平日のスキマ時間に『どこでもワーク』で強化！

スキマ時間を
うまく使えたかな？
チェックが入った
単語を見直そう！

本番まで2週間

直前追い込みコース

スタート！	
2週間前	本番

平日は3単元×5日　週末は6単元×2日

3日に1回チェックが入った単語を復習

短い期間で
よくがんばったね！
チェックが入った
単語を中心に
仕上げよう！

あなたはどのコースで学習する？

〇をつけて，進め方の参考にしましょう。

コツコツゆっくりコース ／ 週末集中コース ／ 直前追い込みコース

予定にあわせて，
1日の単元数を
調節してね！

単語570

英検では単語の知識が重要！
この章では英検でよく出る単語を
イラストといっしょに学習するよ。
イメージしながら暗記しようね。

001〜012

Step1 絵を見て，チャンツに続けて発音しよう。

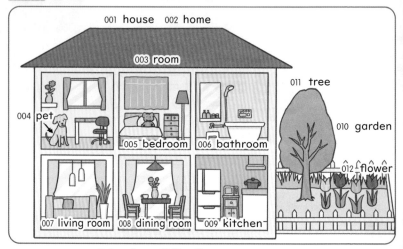

001 house 002 home

003 room

004 pet

005 bedroom 006 bathroom

011 tree

010 garden

012 flower

007 living room 008 dining room 009 kitchen

Step2 つづりと意味を見て，音声を聞こう。

house
[haus] ハウス

名 家，住宅

home
[houm] ホウム
▶ at home 家に

名 家，家庭　副 家に[へ]

room
[ru:m] ルーム

名 部屋

pet
[pet] ペット

名 ペット

名詞

005

bedroom

[bédru:m] ベッドゥルーム

名 寝室 しんしつ

006

bathroom

[bǽθru:m] バスルーム

名 浴室 よくしつ

アメリカでは, **bathroom** は「トイレ, 手洗い」を指すこともあるよ。

007

living room

[lívin rù:m] リヴィング　ルーム

名 居間 いま

008

dining room

[dáinin rù:m] ダイニング　ルーム

名 食堂, ダイニングルーム しょくどう

009

kitchen 🎤発音

[kítʃən] キチン

名 台所 だいどころ

010

garden

[gáːrdn] ガードゥン

名 庭 にわ

011

tree

[triː] トゥリー

名 木 き

012

flower

[fláuər] フラウア

名 花 はな

▷ 『5分間テストブック』を解いてみよう！ ➡ 別冊 p.4

13

Step1 絵を見て，チャンツに続けて発音しよう。

013 TV
014 show
015 DVD
016 wall
017 sofa
018 calendar
019 door
020 phone
021 table
022 chair
023 newspaper
024 floor

Step2 つづりと意味を見て，音声を聞こう。

| 013 | **TV** | 名 テレビ |

[tíːvíː] ティーヴィー

▶ watch TV　テレビを見る

| 014 | **show** | 名 番組，ショー |

[ʃou] ショウ

| 015 | **DVD** | 名 DVD |

[diːviːdíː] ディーヴィーディー

| 016 | **wall** | 名 壁 |

[wɔːl] ウォール

名詞

017 **sofa**
[sóufə] ソウファ

名 ソファー

018 **calendar**
[kǽləndər] キャレンダァ

名 カレンダー

019 **door**
[dɔːr] ドー(ァ)

名 ドア, 戸

020 **phone**
[foun] フォウン

名 電話

021 **table**
[teibl] テイブル

名 テーブル

022 **chair**
[tʃeər] チェア

名 いす

023 **newspaper** 🔊発音
[njúːzpeipər] ニューズペイパァ

名 新聞

024 **floor**
[flɔːr] フロー(ァ)

名 床, 階

アメリカでは、1階は the first floor,
2階は the second floor などというよ。

▷ 『5分間テストブック』を解いてみよう！ → 別冊 p.5

025 〜 036

Step1 絵を見て，チャンツに続けて発音しよう。

- 025 window
- 026 radio
- 027 e-mail
- 028 computer
- 029 comic book
- 030 diary
- 031 desk
- 032 backpack
- 033 bed
- 034 basket
- 035 magazine
- 036 clock

Step2 つづりと意味を見て，音声を聞こう。

| 025 | **window** [wíndou] ウィンドウ | 名 窓 |

| 026 | **radio** 発音 [réidiou] レイディオウ | 名 ラジオ |

listen to the radio で「ラジオを聞く」だね！

| 027 | **e-mail** [í:meil] イーメイル | 名 Eメール，電子メール |

| 028 | **computer** [kəmpjú:tər] コンピュータァ | 名 コンピューター |

名詞

| 029 | **comic book**
[kámik bùk] カミク ブック | 名 漫画本 |

| 030 | **diary**
[dáiəri] ダイ(ア)リィ | 名 日記 |

| 031 | **desk**
[desk] デスク
▶ on the desk　机の上に | 名 机 |

| 032 | **backpack**
[bǽkpæk] バクパク | 名 バックパック,
リュックサック |

| 033 | **bed**
[bed] ベッド | 名 ベッド |

| 034 | **basket**
[bǽskit] バスケト | 名 かご |

| 035 | **magazine**
[mǽgəzi:n] マガズィーン | 名 雑誌 |

| 036 | **clock**
[klɑk] クラック | 名 (身につけない)時計 |

「腕時計」は **watch** だよ!

▷ 『5分間テストブック』を解いてみよう!　→ 別冊 p.6

Step1 絵を見て，チャンツに続けて発音しよう。

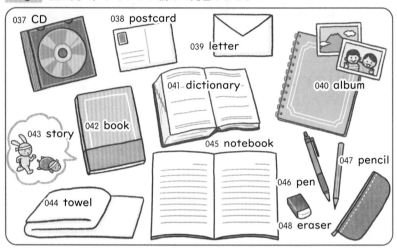

037 CD
038 postcard
039 letter
041 dictionary
040 album
043 story
042 book
045 notebook
047 pencil
046 pen
044 towel
048 eraser

Step2 つづりと意味を見て，音声を聞こう。

037 **CD**
[síːdíː] スィーディー

名 CD

038 **postcard**
[póustkɑːrd] ポウストカード

名 はがき，絵はがき

039 **letter**
[létər] レタァ

名 手紙

▶ write a letter　手紙を書く

040 **album**
[ǽlbəm] アルバム

名 アルバム

名詞

| 041 | **dictionary**
[díkʃəneri] ディクショネリィ | 名 辞書_{じしょ} |

dictionary の複数形は、
dictionaries だよ！

| 042 | **book**
[buk] ブック | 名 本_{ほん} |

| 043 | **story**
[stɔ́:ri] ストーリィ | 名 物語，話_{ものがたり　はなし} |

| 044 | **towel**
[táuəl] タウエル | 名 タオル |

| 045 | **notebook**
[nóutbuk] ノウトゥブク | 名 ノート |

| 046 | **pen**
[pen] ペン | 名 ペン |

| 047 | **pencil**
[pénsl] ペンスル | 名 えんぴつ |

| 048 | **eraser**
[iréisər] イレイサァ | 名 消しゴム_け |

『5分間テストブック』_{ふんかん}を解いてみよう！_と → 別冊 p.7_{べっさつ}

19

5 町の中①

Step1 絵を見て、チャンツに続けて発音しよう。

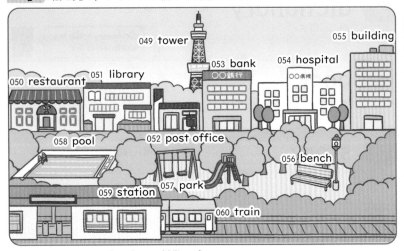

049 tower
050 restaurant
051 library
052 post office
053 bank
054 hospital
055 building
056 bench
057 park
058 pool
059 station
060 train

Step2 つづりと意味を見て、音声を聞こう。

049	**tower** [táuər] タウア	名 タワー、塔

タワーの高さを聞くときは、**How tall is the tower?** のようにいうよ!

050	**restaurant** [réstərənt] レストラント	名 レストラン

051	**library** [láibreri] ライブレリィ	名 図書館、図書室

052	**post office** [póust ɔ̀:fis] ポウスト オーフィス	名 郵便局

20

名詞

| 053 | **bank**
[bæŋk] バンク | 名 銀行 |

| 054 | **hospital**
[háspitl] ハスピトゥル | 名 病院 |

| 055 | **building**
[bíldiŋ] ビルディング | 名 建物，ビル |

| 056 | **bench**
[bentʃ] ベンチ | 名 ベンチ |

| 057 | **park**
[pɑːrk] パーク | 名 公園 |

| 058 | **pool**
[puːl] プール | 名 プール |

| 059 | **station**
[stéiʃn] ステイション | 名 駅 |

▶ go to the station　駅へ行く

| 060 | **train**
[trein] トゥレイン | 名 電車，列車 |

▶ go by train　電車で行く

▷ 『5分間テストブック』を解いてみよう！ → 別冊 p.8

6 町の中②

Step1 絵を見て，チャンツに続けて発音しよう。

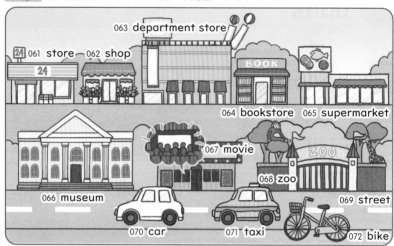

063 department store
061 store — 062 shop
064 bookstore　065 supermarket
067 movie
068 zoo
066 museum
069 street
070 car　071 taxi
072 bike

Step2 つづりと意味を見て，音声を聞こう。

---

store
[stɔ́ːr] ストー(ァ)

名 店

---

shop
[ʃɑ́p] シャップ

名 店

「買い物」は **shopping** だね！

---

department store
[dipɑ́ːrtmənt stɔ̀ːr] ディパートゥメント ストー(ァ)

名 デパート，百貨店

---

bookstore
[búkstɔːr] ブクストー(ァ)

名 書店

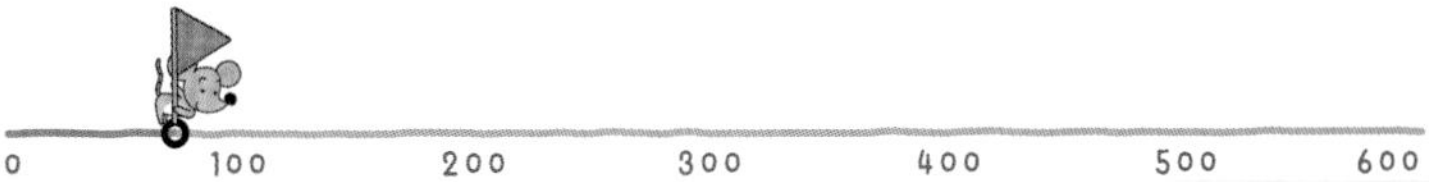

名詞

065 supermarket
[súːpərmɑːrkit] スーパマーケト
名 スーパーマーケット

066 museum
[mjuːzíːəm] ミューズィーアム
名 博物館, 美術館

067 movie
[múːvi] ムーヴィ
名 映画

068 zoo
[zuː] ズー
名 動物園

069 street
[striːt] ストゥリート
名 通り, 道路

070 car
[kɑːr] カー
▶ in the car 車の中で
名 車

071 taxi
[tǽksi] タクスィ
名 タクシー

072 bike
[baik] バイク
名 自転車

> bicycle も「自転車」を意味するよ！

▷ 『5分間テストブック』を解いてみよう！ → 別冊 p.9

7 町の中③

073〜084

Step1 絵を見て，チャンツに続けて発音しよう。

073 ship
074 plane
076 beach
081 mountain
075 fishing
080 bus
082 bridge
077 sea
083 river
078 people
079 concert
084 airport

Step2 つづりと意味を見て，音声を聞こう。

□ 073	**ship** [ʃip] シップ	名 船

□ 074	**plane** [plein] プレイン	名 飛行機

airplane も「飛行機」を意味するよ！

□ 075	**fishing** [fiʃiŋ] フィシング	名 魚釣り

□ 076	**beach** [biːtʃ] ビーチ	名 浜辺，海辺

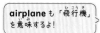

名詞

| 077 | **sea**
[si:] スィー | 名 海 発音は see「見る」と同じだよ！ |

077 sea [si:] スィー — 名 海

発音は see「見る」と同じだよ！

078 people [píːpl] ピープル — 名 人々

079 concert [kάnsəːrt] カンサート — 名 コンサート

080 bus [bʌs] バス — 名 バス

081 mountain [máuntin] マウンテン — 名 山

082 bridge [bridʒ] ブリッヂ — 名 橋

083 river [rívər] リヴァ — 名 川

084 airport [éərpɔːrt] エアポート — 名 空港

『5分間テストブック』を解いてみよう！ → 別冊 p.10

25

Step1 絵を見て，チャンツに続けて発音しよう。

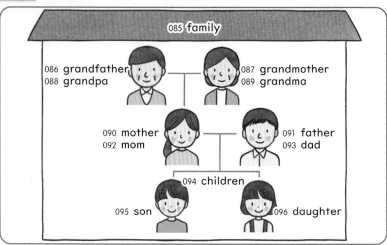

085 **family**

086 grandfather
088 grandpa

087 grandmother
089 grandma

090 mother
092 mom

091 father
093 dad

094 children

095 son

096 daughter

Step2 つづりと意味を見て，音声を聞こう。

085

family
[fǽməli] ファミリィ

名 家族

086

grandfather
[grǽndfɑːðər] グラン(ドゥ)ファーザァ

名 祖父

087

grandmother
[grǽndmʌðər] グラン(ドゥ)マザァ

名 祖母

088

grandpa
[grǽndpɑː] グラン(ドゥ)パー

名 おじいちゃん

名詞

089	**grandma** [grǽndɑ:] グラン(ドゥ)マー	名 おばあちゃん
090	**mother** [mʌ́ðər] マザァ	名 母^{はは}
091	**father** [fɑ́:ðər] ファーザァ	名 父^{ちち}
092	**mom** [mɑm] マム	名 お母^{かあ}さん
093	**dad** [dæd] ダッド	名 お父^{とう}さん
094	**children** [tʃíldrən] チルドゥレン	名 子^こども(child)の複数形^{ふくすうけい}
095	**son** [sʌn] サン	名 息子^{むすこ}

発音^{はつおん}は sun「太陽^{たいよう}」と同^{おな}じだよ！

096	**daughter**	🎤発音	名 娘^{むすめ}
	[dɔ́:tər] ドータァ		

▷ 『5分間^{ふんかん}テストブック』を解^といてみよう！ → 別冊^{べっさつ} p.11

27

🎧 097 ～ 108

Step1 絵を見て，チャンツに続けて発音しよう。

097 Mr.　098 Ms.　099 Mrs.　105 uncle　106 aunt

100 man

101 woman
102 lady

103 boy　104 brother　　　107 girl　108 sister

Step2 つづりと意味を見て，音声を聞こう。

| 097 | **Mr.**
[místər] ミスタァ | 名（男性の姓名の前につけて）
〜さん，〜氏 |

Mr., Ms., Mrs. は先生に対する
呼びかけにも用いられるよ！

| 098 | **Ms.**
[miz] ミズ | 名（女性の姓名の前につけて）
〜さん |

| 099 | **Mrs.**
[mísiz] ミスィズ | 名（結婚している女性の姓名の前に
つけて）〜さん，〜夫人 |

| 100 | **man**
[mæn] マン | 名 男性
複 men |

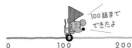

| 0 | 100 | 200 | 300 | 400 | 500 | 600 |

名詞

 101

woman
[wúmən] ウマン

名 女性

複 women

 102

lady
[léidi] レイディ

名 ご婦人，女のかた

 103

boy
[bɔi] ボイ

名 男の子，少年

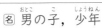

 104

brother
[brʌ́ðər] ブラザァ

名 兄，弟

 105

uncle
[ʌ́ŋkl] アンクル

名 おじ

 106

aunt
[ænt] アント

名 おば

 107

girl
[gə:rl] ガール

名 女の子，少女

 108

sister
[sístər] スィスタァ

名 姉，妹

▷ 『5分間テストブック』を解いてみよう！ ➡ 別冊 p.12

29

109 ～ 120

Step1 絵を見て，チャンツに続けて発音しよう。

109 job

110 doctor

111 singer

112 pilot

113 dancer

114 nurse

115 driver

116 police officer

117 pianist

118 swimmer

119 firefighter

120 waiter

Step2 つづりと意味を見て，音声を聞こう。

| 109 | **job**
[dʒɑb] ヂャブ | 名 仕事 <small>しごと</small> |

| 110 | **doctor**
[dάktər] ダクタァ | 名 医者 <small>いしゃ</small> |

| 111 | **singer**
[síŋər] スィンガァ | 名 歌手 <small>かしゅ</small> |

| 112 | **pilot**
[páilət] パイロト | 名 パイロット |

| 0 | 100 | 200 | 300 | 400 | 500 | 600 |

名詞

113 dancer
[dǽnsər] ダンサァ
名 ダンサー

dance「おどる」にrをつけると dancer になるね!

114 nurse
[nə:rs] ナース
名 看護師

115 driver
[dráivər] ドゥライヴァ
名 運転手

116 police officer
[pəlí:s ɔ́:fisər] ポリース オーフィサァ
名 警察官

117 pianist
[piǽnist] ピアニスト
名 ピアニスト

118 swimmer
[swímər] スウィマァ
名 水泳選手

119 firefighter
[fáiərfaitər] ファイアファイタァ
名 消防士

120 waiter
[wéitər] ウェイタァ
名 ウェイター，(男性の)給仕

『5分間テストブック』を解いてみよう! → 別冊 p.13

31

Step1 絵を見て，チャンツに続けて発音しよう。

Step2 つづりと意味を見て，音声を聞こう。

| 121 | **food**
[fu:d] フード | 图 食べ物，食品 |

| 122 | **breakfast**
[brékfəst] ブレクファスト | 图 朝食 |
| | ▶ have breakfast 朝食を食べる | |

| 123 | **bread**
[bred] ブレッド | 图 パン |

| 124 | **jam**
[dʒæm] ヂャム | 图 ジャム |

名詞

125 **toast**
[toust] トウスト

名 トースト

126 **egg**
[eg] エッグ

名 たまご

127 **lunch**
[lʌntʃ] ランチ

名 昼食（ちゅうしょく）

128 **curry**
[kə́:ri] カーリィ

名 カレー

「カレーライス」は
curry and rice だよ！

129 **dinner**
[dínər] ディナァ

名 夕食（ゆうしょく）

130 **rice**
[rais] ライス

名 米（こめ），ごはん

131 **salad**
[sǽləd] サラド

名 サラダ

132 **meat**
[mi:t] ミート

名 肉（にく）

➤ 『5分間（ふんかん）テストブック』を解（と）いてみよう！ ➡ 別冊（べっさつ）p.14

33

Step1 絵を見て，チャンツに続けて発音しよう。

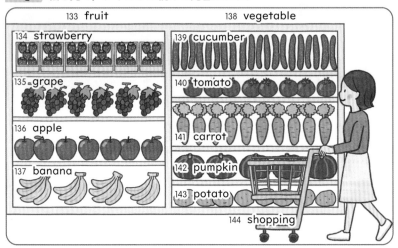

133 fruit 138 vegetable

134 strawberry
135 grape
136 apple
137 banana

139 cucumber
140 tomato
141 carrot
142 pumpkin
143 potato
144 shopping

Step2 つづりと意味を見て，音声を聞こう。

133	**fruit** 🎤発音 [fru:t] フルート	名 果物
134	**strawberry** [strɔ́:beri] ストゥローベリィ	名 イチゴ
135	**grape** [greip] グレイプ	名 （ふつう grapes で）ブドウ 「ブドウのふさ」は grapes と複数形にして表すよ！
136	**apple** [æpl] アプル	名 リンゴ

0	100	200	300	400	500	600

137 **banana**
[bənǽnə] バナナ

名 バナナ

名詞

138 **vegetable**
[védʒətəbl] ヴェヂタブル

名 (ふつう vegetables で)野菜

139 **cucumber**
[kjú:kʌmbər] キューカンバァ

名 キュウリ

140 **tomato**
[təméitou] トメイトゥ

名 トマト
複 tomatoes

141 **carrot**
[kǽrət] キャロト

名 ニンジン

142 **pumpkin**
[pʌ́mpkin] パン(プ)キン

名 カボチャ

143 **potato**
[pətéitou] ポテイトゥ

名 ジャガイモ
複 potatoes

144 **shopping**
[ʃápiŋ] シャピング
▶ go shopping　買い物に行く

名 買い物

英検では go shopping の形でよく出るよ。

13 食べ物③

 145〜156

Step1 絵を見て，チャンツに続けて発音しよう。

MENU

Food

145 sandwich 146 pizza

¥500 ¥800

147 hamburger

¥600

148 soup

+¥200

Drink

149 juice

150 tea 151 coffee

152 water 153 milk

all ¥250

154 *Dessert*

155 pie 156 ice cream

¥300 ¥200

Step2 つづりと意味を見て，音声を聞こう。

145 **sandwich**
[sǽndwitʃ] サン(ドゥ)ウィチ

名 サンドイッチ

146 **pizza**
[píːtsə] ピーツァ

名 ピザ

147 **hámburger**
[hǽmbəːrgər] ハンバーガァ

名 ハンバーガー

148 **soup**
[suːp] スープ

名 スープ

名詞

149 **juice**
[dʒuːs] デュース

名 ジュース

飲み物は **a cup[glass] of ～**
「カップ[コップ] 1 杯の～」など
といっしょに使うことが多いよ。

150 **tea**
[tiː] ティー

名 茶, 紅茶

151 **coffee**
[kɔ́ːfi] コーフィ

名 コーヒー

▶ a cup of coffee　カップ 1 杯のコーヒー

152 **water**
[wɔ́ːtər] ウォータァ

名 水

153 **milk**
[milk] ミルク

名 牛乳, ミルク

▶ a glass of milk　コップ 1 杯の牛乳

154 **dessert**
[dizə́ːrt] ディザート

名 デザート

155 **pie**
[pai] パイ

名 パイ

156 **ice cream**
[áis kríːm] アイス クリーム

名 アイスクリーム

『5分間テストブック』を解いてみよう！ ➡ 別冊 p.16

157〜168

Step1 絵を見て，チャンツに続けて発音しよう。

157 birthday 158 party
HAPPY BIRTHDAY
159 song
160 hat
161 present
162 camera
163 candy
164 doughnut
168 cookie
166 box
167 chocolate
165 cake

Step2 つづりと意味を見て，音声を聞こう。

| 157 | **birthday**
[bə́ːrθdei] バースデイ | 名 誕生日 |

相手の誕生日を聞くときは，**When is your birthday?**「あなたの誕生日はいつですか」というよ！

| 158 | **party**
[páːrti] パーティ | 名 パーティー |

| 159 | **song**
[sɔ́ːŋ] ソーング | 名 歌 |
▶ sing a song 歌を歌う

| 160 | **hat**
[hæt] ハット | 名 (縁のある)帽子 |

名詞

161 present
[preznt] プレズント

名 プレゼント

162 camera
[kǽmərə] キャメラ

名 カメラ

163 candy
[kǽndi] キャンディ

名 あめ

164 doughnut 🎤発音
[dóunʌt] ドウナト

名 ドーナツ

donut ともつづるよ！

165 cake
[keik] ケイク

名 ケーキ

166 box
[bɑks] バックス

名 箱

167 chocolate
[tʃákələt] チャコレト

名 チョコレート

168 cookie
[kúki] クッキィ

名 クッキー

▷ 『5分間テストブック』を解いてみよう！　➡ 別冊 p.17

Step1 絵を見て，チャンツに続けて発音しよう。

169 piano
170 flute
171 guitar
172 violin
173 glass
174 cup
175 fork
176 knife
177 chopstick
178 spoon
179 plate
180 dish

Step2 つづりと意味を見て，音声を聞こう。

---

169 **piano** [piǽnou] ピアノウ	名 ピアノ

> ▶ play the piano　ピアノをひく

play the piano のように，楽器を演奏するというときにはふつう the をつけるよ！

---

170 **flute** [flu:t] フルート	名 フルート

---

171 **guitar** 🔊 発音 [gitá:r] ギター	名 ギター

---

172 **violin** [vaiəlín] ヴァイオリン	名 バイオリン

名詞

| 173 | **glass**
[glæs] グラス | 名 コップ，グラス |

| 174 | **cup**
[kʌp] カップ | 名 カップ |

| 175 | **fork**
[fɔːrk] フォーク | 名 フォーク |

| 176 | **knife** 🎤発音
[naif] ナイフ | 名 ナイフ
複 knives |

| 177 | **chopstick**
[tʃápstik] チャプスティック | 名 (ふつう chopsticks で)はし |

「はし」は2本一組で使うので，ふつうは **chopsticks** とするよ！

| 178 | **spoon**
[spuːn] スプーン | 名 スプーン |

| 179 | **plate**
[pleit] プレイト | 名 (浅い)皿 |

| 180 | **dish**
[diʃ] ディッシ | 名 皿 |

『5分間テストブック』を解いてみよう！ ➡ 別冊 p.18

16 学校① (がっこう)

 181〜192

Step1 絵を見て，チャンツに続けて発音しよう。

181 school
182 classroom
183 teacher
184 student
185 textbook
186 blackboard
187 name
188 gym
189 friend
190 club
191 team
192 ground

Step2 つづりと意味を見て，音声を聞こう。

school
[sku:l] スクール

名 学校 (がっこう)

classroom
[klǽsru:m] クラスルーム

名 教室 (きょうしつ)

teacher
[tíːtʃər] ティーチァ

名 先生，教師 (せんせい，きょうし)

student
[stjúːdnt] ステューデント

名 学生，生徒 (がくせい，せいと)

名詞

185 **textbook**
[tékstbuk] テクストゥブク

名 教科書 <small>きょう か しょ</small>

---

186 **blackboard**
[blǽkbɔːrd] ブラクボード

名 黒板 <small>こくばん</small>

---

187 **name**
[neim] ネイム

名 名前 <small>な まえ</small>

---

188 **gym**
[dʒim] ヂム

名 体育館 <small>たい いく かん</small>

---

189 **friend** 🔊発音
[frend] フレンド

名 友達 <small>とも だち</small>

▶ with my friend　友達と一緒に <small>とも だち　いっ しょ</small>

---

190 **club**
[klʌb] クラブ

名 クラブ，部 <small>ぶ</small>

> **He is in the art club.**
> 「彼は美術部に入っていま
> す」のように使うよ！

---

191 **team**
[tiːm] ティーム

名 チーム

> **I'm on the soccer team.**
> 「私はサッカー部に入っていま
> す」のように使うよ！

---

192 **ground**
[graund] グラウンド

名 グラウンド，地面 <small>じ めん</small>

▷ 『5分間テストブック』を解いてみよう！ ➡ 別冊 p.19

43

17 学校②

🎧 193〜204

Step1 絵を見て，チャンツに続けて発音しよう。

193 subject
195 science
194 math
196 art
200 idea
197 music
198 history
199 P.E.
201 pencil case
202 score
203 test
204 page

Step2 つづりと意味を見て，音声を聞こう。

193

subject
[sʌ́bdʒikt] サブヂェクト

名 （学校の）教科，科目

194

math
[mæθ] マス

名 数学，算数

195

science 🎤発音
[sáiəns] サイエンス

名 理科，科学

196

art
[ɑːrt] アート

名 美術，芸術

BUNRI

レシートは捨てずに
お持ちください!

わからないを わかるにかえる 英検®シリーズ

英検® フレフレ!
レシートキャンペーン

わからないをわかるにかえる英検®シリーズ **問題集** **単語帳** **過去問題集** を2冊購入で豪華景品が当たる!

キャンペーンの特設サイトはこちら

なるほど! **BUNRI** を見てね!
https://portal.bunri.jp/

応募期間	2024年 3/1 ▶ 2025年 1/31 23:59まで	応募締切	第1回	2024年6月30日 23:59まで
			第2回	2024年10月31日 23:59まで
			第3回	2025年1月31日 23:59まで

A賞
ソニー
ワイヤレス
ノイズキャンセリング
ステレオヘッドセット
『WF-1000XM5』ブラック

抽選で合計 **3名様**

第1回▶1名様
第2回▶1名様
第3回▶1名様

※画像はイメージです

B賞

図書カードNEXT ネットギフト

抽選で合計 **15名様**

図書カード NEXT
5,000円分

第1回▶5名様
第2回▶5名様
第3回▶5名様

C賞

図書カードNEXT ネットギフト

抽選で合計 **30名様**

図書カード NEXT
500円分

第1回▶10名様
第2回▶10名様
第3回▶10名様

※英検®は、公益財団法人 日本英語検定協会の登録商標です。
※このコンテンツは、公益財団法人 日本英語検定協会の承認や推奨、その他の検討を受けたものではありません。

名詞

| 197 | **music** [mjú:zik] ミューズィク | 名 音楽 |

| 198 | **history** [hístəri] ヒストゥリィ | 名 歴史 |

| 199 | **P.E.** [pì:í:] ピーイー | 名 体育 |

| 200 | **idea** [aidí:ə] アイディーア | 名 考え |

相手の誘いなどに応えるときに、**Good idea!**「いい考えだね!」のように使うよ。

| 201 | **pencil case** [pénsl kèis] ペンスル ケイス | 名 筆箱 |

| 202 | **score** [skɔ:r] スコー(ァ) | 名 得点, スコア |

| 203 | **test** [test] テスト | 名 テスト |

| 204 | **page** [peidʒ] ペイヂ | 名 ページ |

🎧 205 ～ 216

Step1 絵を見て，チャンツに続けて発音しよう。

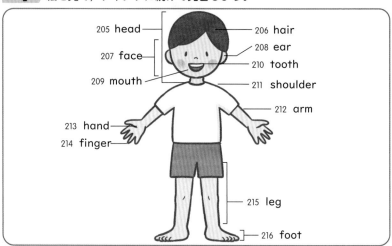

205 head
206 hair
208 ear
207 face
210 tooth
209 mouth
211 shoulder
212 arm
213 hand
214 finger
215 leg
216 foot

Step2 つづりと意味を見て，音声を聞こう。

205	**head**	名 頭（首から上の部分）
	[hed] ヘッド	

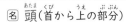

206	**hair**	名 髪の毛，毛
	[heər] ヘア	

207	**face**	名 顔
	[feis] フェイス	

▶ wash my face 顔を洗う

208	**ear**	名 耳
	[iər] イア	

名詞

209 **mouth**
[mauθ] マウス

名 口

---

210 **tooth**
[tu:θ] トゥース

名 歯
複 teeth

「歯を磨く」というときは、tooth を複数形の teeth にして、**brush my teeth** だよ！

---

211 **shoulder**
[ʃóuldər] ショウルダァ

名 肩

---

212 **arm**
[ɑːrm] アーム

名 腕

---

213 **hand**
[hænd] ハンド

名 手

---

214 **finger**
[fíŋgər] フィンガァ

名 (手の)指

---

215 **leg**
[leg] レッグ

名 脚(もものつけ根から足首まで)

---

216 **foot**
[fut] フット

名 足(足首から下の部分)
複 feet

▶ 『5分間テストブック』を解いてみよう！　→ 別冊 p.21

47

Step1 絵を見て，チャンツに続けて発音しよう。

217 jacket　　219 coat　220 cap
218 glove
222 T-shirt
224 watch
225 shirt
226 pocket
221 bag
223 skirt
227 umbrella　228 shoe

Step2 つづりと意味を見て，音声を聞こう。

217 jacket
[dʒǽkit] ヂャケト

名 ジャケット，（腰までの）上着

218 glove
[glʌv] グラヴ

名 （ふつう gloves で）手袋，グローブ

「手袋」は2つ一組だから，ふつう gloves と複数形で用いるよ！

219 coat
[kout] コウト

名 コート

220 cap
[kæp] キャップ

名 （縁のない）帽子

名詞

| 221 | **bag**
[bæg] バッグ | 名 かばん, バッグ |

| 222 | **T-shirt**
[tíːʃəːrt] ティーシャート | 名 Tシャツ |

| 223 | **skirt** 発音
[skəːrt] スカート | 名 スカート |

| 224 | **watch** 発音
[watʃ] ワッチ | 名 腕時計 |

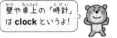
壁や卓上の「時計」は **clock** というよ!

| 225 | **shirt** 発音
[ʃəːrt] シャート | 名 シャツ |

| 226 | **pocket**
[pákit] パケト | 名 ポケット |

| 227 | **umbrella**
[ʌmbrélə] アンブレラ | 名 かさ |

| 228 | **shoe**
[ʃuː] シュー | 名 (ふつう shoes で) くつ |

▷ 『5分間テストブック』を解いてみよう! → 別冊 p.22

20 色 （いろ）

Step1 絵を見て，チャンツに続けて発音しよう。

229 picture　230 color

231 blue

233 orange

232 white

235 pink

234 yellow

236 green

238 purple

237 red

239 black

— 240 brown

Step2 つづりと意味を見て，音声を聞こう。

229 picture

[píktʃər] ピクチァ

▶ take a picture　写真をとる

名 絵，写真

「絵」と「写真」の2つの意味でよく出題されるよ！

230 color

[kʌ́lər] カラァ

名 色

231 blue

[blu:] ブルー

名 青　形 青い

232 white

[hwait] （フ）ワイト

名 白　形 白い

名詞

| 233 | **orange** [ɔ́:rindʒ] オーレンヂ | 名 オレンジ色，オレンジ
形 オレンジ色の |

色を指すほかに，果物の「オレンジ」の意味もあるよ！

| 234 | **yellow** [jélou] イェロウ | 名 黄色 形 黄色い |

| 235 | **pink** [piŋk] ピンク | 名 ピンク色 形 ピンク色の |

| 236 | **green** [gri:n] グリーン | 名 緑色 形 緑色の |

| 237 | **red** [red] レッド | 名 赤 形 赤い |

| 238 | **purple** [pə́:rpl] パープル | 名 紫色 形 紫色の |

| 239 | **black** [blæk] ブラック | 名 黒 形 黒い |

| 240 | **brown** [braun] ブラウン | 名 茶色 形 茶色の |

『5分間テストブック』を解いてみよう！ → 別冊 p.23

21 スポーツ

Step1 絵を見て，チャンツに続けて発音しよう。

 241 sport

 242 tennis

 243 baseball

 244 basketball

 245 soccer

 246 volleyball

 247 softball

 248 rugby

 249 badminton

 250 racket

 251 ball

 252 game

Step2 つづりと意味を見て，音声を聞こう。

241
sport
[spɔːrt] スポート

名 スポーツ

242
tennis
[ténis] テニス
▶ play tennis　テニスをする

名 テニス

> 「(スポーツ)をする」というときは，
> <**play**＋スポーツ名>で表すよ！

243
baseball
[béisbɔːl] ベイスボール

名 野球

244
basketball
[bǽskitbɔːl] バスケトゥボール

名 バスケットボール

名詞

245 **soccer**
[sákər] サカァ

名 サッカー

246 **volleyball**
[válibɔːl] ヴァリボール

名 バレーボール

247 **softball**
[sɔ́ːftbɔːl] ソーフトゥボール

名 ソフトボール

248 **rugby**
[rʌ́gbi] ラグビィ

名 ラグビー

249 **badminton**
[bǽdmintn] バドゥミントゥン

名 バドミントン

250 **racket**
[rǽkit] ラケト

名 ラケット

251 **ball**
[bɔːl] ボール

名 ボール

252 **game**
[geim] ゲイム

名 試合, ゲーム

computer game「コンピューターゲーム」や video game「テレビゲーム」でもよく出るよ！

▷ 『5分間テストブック』を解いてみよう！　→ 別冊 p.24

22 生き物

🎧 253〜264

Step1 絵を見て，チャンツに続けて発音しよう。

 253 animal
 254 bird
 255 cat
 256 dog

 257 rabbit
 258 hamster
 259 sheep
 260 monkey

 261 elephant
 262 mouse
 263 horse
 264 fish

Step2 つづりと意味を見て，音声を聞こう。

253	**animal** [ǽnəməl] アニマル	名 動物
254	**bird** [bə:rd] バード	名 鳥
255	**cat** [kæt] キャット	名 ネコ
256	**dog** [dɔ:g] ドーグ	名 イヌ

54

名詞

257
rabbit
[rǽbit] ラビト

名 ウサギ

258
hamster
[hǽmstər] ハムスタァ

名 ハムスター

259
sheep
[ʃíːp] シープ

名 ヒツジ
複 sheep

複数形も sheep だよ！語尾に s はつかないから注意！

260
monkey 🔊発音
[mʌ́ŋki] マンキィ

名 サル

261
elephant
[éləfənt] エレファント

名 ゾウ

262
mouse 🔊発音
[maus] マウス

名 ハツカネズミ, マウス
複 mice

263
horse
[hɔːrs] ホース

名 馬

264
fish
[fɪʃ] フィッシ

名 魚
複 fish

『5分間テストブック』を解いてみよう！ → 別冊 p.25

🎧 265〜276

Step1 絵を見て，チャンツに続けて発音しよう。
え み つづ はつおん

265 kilogram

266 gram

267 kilometer

268 meter

269 centimeter

270 yen

271 dollar

272 cent

273 spring

274 summer

275 fall

276 winter

Step2 つづりと意味を見て，音声を聞こう。
いみ み おんせい き

265
kilogram
[kíləgræm] キログラム

名 キログラム

266
gram
[grǽm] グラム

名 グラム

267
kilometer
[kilάmitər] キラメタァ

名 キロメートル

268
meter 🎤発音
[míːtər] ミータァ

名 メートル

高さを表すときは，**The tree is five meters tall.**「その木は高さ5メートルです」などのようにいうよ！
たか あらわ き たか

名詞

269
centimeter
[séntəmi:tər] センティミータァ

名 センチメートル

270
yen 🎤発音
[jen] イェン

名 円

271
dollar 🎤発音
[dálər] ダラァ

名 ドル

272
cent
[sent] セント

名 セント

273
spring
[spriŋ] スプリング

名 春

274
summer
[sámər] サマァ

名 夏

275
fall
[fɔːl] フォール

名 秋

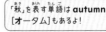
「秋」を表す単語は autumn [オータム]もあるよ!

276
winter
[wíntər] ウィンタァ

名 冬

▷ 『5分間テストブック』を解いてみよう! ➡ 別冊 p.26

24 国・都市・言語

Step1 絵を見て，チャンツに続けて発音しよう。

277 country

278 city

279 world

280 Japan

281 Australia

282 Singapore

283 Brazil

284 Canada

285 English

286 Japanese

287 French

288 Chinese

Step2 つづりと意味を見て，音声を聞こう。

277	**country** 🎤発音 [kʌ́ntri] カントゥリィ	名 国

278	**city** [síti] スィティ	名 都市，市

279	**world** [wə́ːrld] ワールド	名 世界

280	**Japan** [dʒəpǽn] ヂャパン	名 日本

名詞

281
Australia
[ɔːstréiljə] オーストゥレイリャ

名 オーストラリア

282
Singapore
[síŋɡəpɔːr] スィングガポー(ァ)

名 シンガポール

283
Brazil
[brəzíl] ブラズィル

名 ブラジル

284
Canada
[kǽnədə] キャナダ

名 カナダ

285
English
[íŋɡliʃ] イングリシ
▶ speak English 英語を話す

名 英語　形 英語の

286
Japanese
[dʒæpəníːz] ヂャパニーズ

名 日本語　形 日本の

287
French
[frentʃ] フレンチ

名 フランス語
形 フランスの

> 「日本」は **Japan**、
> 「フランス」は **France**、
> 「中国」は **China** だね。

288
Chinese
[tʃainíːz] チャイニーズ

名 中国語　形 中国の

▷ 『5分間テストブック』を解いてみよう！ ➡ 別冊 p.27

🎧 289〜300

Step1 絵（え）を見（み）て，チャンツに続（つづ）けて発音（はつおん）しよう。

289 day

290 time

291 hour

292 minute

293 morning

294 noon

295 afternoon

296 evening

297 night

298 today

299 tomorrow

300 tonight

Step2 つづりと意味（いみ）を見（み）て，音声（おんせい）を聞（き）こう。

□ 289

day
[dei] デイ

▶ every day　毎日（まいにち）

名 日（ひ），１日（にち）

□ 290

time
[taim] タイム

名 時刻（じこく），時間（じかん）

> 「何時（なんじ）?」と時刻（じこく）を聞（き）くときは **What time is it?** というよ！

□ 291

hour 🎤発音
[auər] アウア

名 １時間（じかん）

□ 292

minute 🎤発音
[mínit] ミニト

名 （時間（じかん）の）分（ふん）

名詞

293	**morning** [mɔ́ːrniŋ] モーニング	名 朝，午前

294	**noon** [nu:n] ヌーン	名 正午

295	**afternoon** [æftərnúːn] アフタヌーン	名 午後

296	**evening** [íːvniŋ] イーヴニング	名 夕方，晩

297	**night** 🔊発音 [nait] ナイト	名 夜　　at night で「夜に」の意味だよ！

298	**today** [tədéi] トゥデイ	名 今日　副 今日は

299	**tomorrow** [təmɔ́ːrou] トゥモーロウ	名 明日　副 明日は

300	**tonight** 🔊発音 [tənáit] トゥナイト	名 今夜　副 今夜は

Step1 絵を見て，チャンツに続けて発音しよう。

301 date

302 week

303 weekend

304 month

305 year

306 Sunday

307 Monday

308 Tuesday

309 Wednesday

310 Thursday

311 Friday

312 Saturday

Step2 つづりと意味を見て，音声を聞こう。

301 date
[deit] デイト

名 日付

---

302 week
[wi:k] ウィーク

名 週，1週間

---

303 weekend
[wí:kend] ウィークエンド

名 週末

（毎）週末に何をするか聞くときは，**What do you do on weekends?** というよ！

---

304 month
[mʌnθ] マンス

名 月，1か月

| 0 | 100 | 200 | 300 | 400 | 500 | 600 |

名詞

305

year

[jiər] イア

名 年, 1年

306

Sunday

[sándei] サンデイ

名 日曜日

「〜曜日に」というときは、on Sunday「日曜日に」のように on を使うよ。

307

Monday

[mándei] マンデイ

名 月曜日

308

Tuesday 🔊発音

[tjúːzdei] テューズデイ

名 火曜日

309

Wednesday

[wénzdei] ウェンズデイ 🎤発音

名 水曜日

310

Thursday

[θə́ːrzdei] サーズデイ

名 木曜日

311

Friday

[fráidei] フライデイ

名 金曜日

312

Saturday 🔊発音

[sǽtərdei] サタデイ

▶ on Saturday 土曜日に

名 土曜日

---

27 日付②

Step1 絵を見て，チャンツに続けて発音しよう。

313 January   314 February   315 March   316 April

317 May   318 June   319 July   320 August

321 September   322 October   323 November   324 December

Step2 つづりと意味を見て，音声を聞こう。

313	**January** [dʒǽnjueri] チャニュエリィ ▶ in January 1月に	名 1月

「〜月に」というときは，in January「1月に」のように in を使うよ！

314	**February** [fébɹueri] フェブルエリィ	名 2月

315	**March** [mɑːrtʃ] マーチ	名 3月

316	**April** [éiprəl] エイプリル	名 4月

名詞

317

May
[mei] メイ

名 5月

318

June
[dʒuːn] デューン

名 6月

319

July
[dʒulái] デュライ

名 7月

320

August
[ɔ́ːɡəst] オーガスト

名 8月

321

September
[septémbər] セプテンバァ

名 9月

322

October
[ɑktóubər] アクトウバァ

名 10月

323

November
[nouvémbər] ノウヴェンバァ

名 11月

324

December
[disémbər] ディセンバァ

名 12月

▷ 『5分間テストブック』を解いてみよう！ → 別冊 p.30

Step1 表（ひょう）を見（み）て，チャンツに続（つづ）けて発音（はつおん）しよう。
Step2 音声（おんせい）を聞（き）いてつづりと意味（いみ）を確認（かくにん）しよう。

□325	**number**	[nʌ́mbər] ナンバァ	名	数（かず），番号（ばんごう）
□326	**one**	[wʌn] ワン	名 形	1（の）
□327	**two**	[tu:] トゥー	名 形	2（の）
□328	**three**	[θri:] スリー	名 形	3（の）
□329	**four**	[fɔ:r] フォー(ァ)	名 形	4（の）
□330	**five**	[faiv] ファイヴ	名 形	5（の）
□331	**six**	[siks] スィックス	名 形	6（の）
□332	**seven**	[sevn] セヴン	名 形	7（の）
□333	**eight**	[eit] エイト 🎙発音	名 形	8（の）
□334	**nine**	[nain] ナイン	名 形	9（の）
□335	**ten**	[ten] テン	名 形	10（の）
□336	**eleven**	[ilévən] イレヴン	名 形	11（の）
□337	**twelve**	[twelv] トゥウェルヴ	名 形	12（の）
□338	**thirteen**	[θə:rtí:n] サーティーン	名 形	13（の）
□339	**fourteen**	[fɔ:rtí:n] フォーティーン	名 形	14（の）

■340	**fifteen**	[fiftíːn] フィフ**ティーン**	名 形 15(の)
■341	**sixteen**	[sikstíːn] スィクス**ティーン**	名 形 16(の)
■342	**seventeen**	[sevntíːn] セヴン**ティーン**	名 形 17(の)
■343	**eighteen**	[eitíːn] エイ**ティーン** 🔊発音	名 形 18(の)
■344	**nineteen**	[naintíːn] ナイン**ティーン**	名 形 19(の)
■345	**twenty**	[twénti] トゥ**ウェ**ンティ	名 形 20(の)
■346	**thirty**	[θə́ːrti] **サー**ティ	名 形 30(の)
■347	**forty**	[fɔ́ːrti] **フォー**ティ	名 形 40(の)
■348	**fifty**	[fífti] **フィ**フティ	名 形 50(の)
■349	**sixty**	[síksti] **スィ**クスティ	名 形 60(の)
■350	**seventy**	[sévənti] **セ**ヴンティ	名 形 70(の)
■351	**eighty**	[éiti] **エ**イティ 🔊発音	名 形 80(の)
■352	**ninety**	[náinti] **ナ**インティ	名 形 90(の)
■353	**hundred**	[hʌ́ndrəd] **ハ**ンドゥレド 🔊発音	名 形 100(の)
■354	**thousand**	[θáuzənd] **サ**ウザンド 🔊発音	名 形 1000(の)

名詞

➤ 『5分間テストブック』を解いてみよう！ → 別冊 p.31

🎧 355〜367

Step1 表（ひょう）を見（み）て，チャンツに続（つづ）けて発音（はつおん）しよう。
Step2 音声（おんせい）を聞（き）いてつづりと意味（いみ）を確認（かくにん）しよう。

□355 **first** [fə́ːrst] ファースト 🎤発音 名 形 1番目（ばんめ）（の）

□356 **second** [sékənd] セカンド 名 形 2番目（ばんめ）（の）

□357 **third** [θə́ːrd] サード 名 形 3番目（ばんめ）（の）

□358 **fourth** [fɔ́ːrθ] フォース 名 形 4番目（ばんめ）（の）

□359 **fifth** [fífθ] フィフス 名 形 5番目（ばんめ）（の）

□360 **sixth** [síksθ] スィックスス 名 形 6番目（ばんめ）（の）

□361 **seventh** [sévnθ] セヴンス 名 形 7番目（ばんめ）（の）

名詞

■362	**eighth**	[eiθ] エイス 発音	名 形 8番目(の)
■363	**ninth**	[nainθ] ナインス	名 形 9番目(の)
■364	**tenth**	[tenθ] テンス	名 形 10番目(の)
■365	**eleventh**	[ilévnθ] イレヴンス	名 形 11番目(の)
■366	**twelfth**	[twelfθ] トゥウェルフス	名 形 12番目(の)
■367	**thirteenth**	[θə:rtí:nθ] サーティーンス	名 形 13番目(の)

▷『5分間テストブック』を解いてみよう! ➡ 別冊 p.32

だいめいし

Step1 表を見て，チャンツに続けて発音しよう。

Step2 音声を聞いてつづりと意味を確認しよう。

	主格 「〜は，〜が」		所有格 「〜の」	
私 わたし	368 **I** [ai] アイ 私は[が]		369 **my** [mai] マイ 私の	
あなた あなたたち	372 **you** [ju:] ユー あなたは[が]，あなたたちは[が]		373 **your** [juər] ユア あなたの，あなたたちの	
彼 かれ	376 **he** [hi:] ヒー 彼は[が]		377 **his** [hiz] ヒズ 彼の	
彼女 かのじょ	380 **she** [ʃi:] シー 彼女は[が]		381 **her** [həːr] ハー 彼女の	
それ	384 **it** [it] イット それは[が]		385 **its** [its] イッツ それの	
私たち わたし	387 **we** [wi:] ウィー 私たちは[が]		388 **our** [auər] アウア 私たちの	
彼 かれ 彼女 かのじょ [彼女]ら それら	391 **they** [ðei] ゼイ 彼[彼女]らは[が]，それらは[が]		392 **their** [ðeər] ゼア 彼[彼女]らの，それらの	

| 0 | 100 | 200 | 300 | 400 | 500 | 600 |

代名詞

目的格 「～を，～に」	所有代名詞 「～のもの」

370 me
[mi:] ミー
私を[に]

371 mine
[main] マイン
私のもの

374 you
[ju:] ユー
あなたを[に]，あなたたちを[に]

375 yours
[juərz] ユアズ
あなたのもの，あなたたちのもの

378 him
[him] ヒム
彼を[に]

379 his
[hiz] ヒズ
彼のもの

382 her
[hə:r] ハー
彼女を[に]

383 hers
[hə:rz] ハーズ
彼女のもの

386 it
[it] イット
それを[に]

389 us
[ʌs] アス
私たちを[に]

390 ours
[auərz] アウアズ
私たちのもの

393 them
[ðem] ゼム
彼[彼女]らを[に]，それらを[に]

394 theirs
[ðeərz] ゼアズ
彼[彼女]らのもの，それらのもの

▷ 『5分間テストブック』を解いてみよう！　→ 別冊 p.33

71

Step1 絵を見て、チャンツに続けて発音しよう。

395 one

396 everyone

397 this

398 that

399 these

400 those

401 the

402 a, an

Step2 つづりと意味を見て、音声を聞こう。

395

one
[wʌn] ワン

代（前に述べられた名詞の代わりとして）もの

oneが「もの」の意味で使われるときは、前に出てきたものを指して、I want a small one.「私は小さいものがほしいです」のように使うよ。

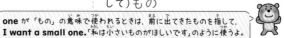

396

everyone
[évriwʌn] エヴリワン

代 みんな、だれでも

代名詞／冠詞

| 397 | **this** [ðis] ズィス | 代 これ　形 この |

| 398 | **that** [ðæt] ザット | 代 あれ, それ
形 あの, その |

| 399 | **these** [ði:z] ズィーズ | 代 これら　形 これらの |

| 400 | **those** [ðouz] ゾウズ | 代 あれら, それら
形 あれらの, それらの |

| 401 | **the** [ðə, ði] ザ, ズィ | 冠 その, あの |

> a, e, i, o, u の母音で始まる
> 語につくときは「ズィ」と発音するよ！

| 402 | **a, an** [ə, ən] ア, アン | 冠 一つの, 一人の |

> a, e, i, o, u の母音で始まる
> 語の前には an を置くよ！

▷ 『5分間テストブック』を解いてみよう！ → 別冊 p.34

403 ～ 414

Step1 絵を見て，チャンツに続けて発音しよう。

403 is

404 are

405 am

406 be

407 like

408 know

409 want

410 have

411 live

412 love

413 need

414 think

Step2 つづりと意味を見て，音声を聞こう。

403	**is** [iz] イズ	動 ～である，～にいる

▶ He is a cook. 彼はコックです。

404	**are** [ɑːr] アー	動 ～である，～にいる

▶ They are students. 彼らは生徒です。

405	**am** [æm] アム	動 ～である，～にいる

▶ I am his sister. 私は彼の姉[妹]です。

406	**be** [biː] ビー	動 ～である， ～にいる（be 動詞の原形）

▶ Please be quiet. 静かにしてください。

動詞

like
407
[laik] ライク
動 ～が好きである，～を好む

▶ like music　音楽が好きである

know 🔊発音
408
[nou] ノゥ
動 ～を知っている

▶ know his name　彼の名前を知っている

want
409
[wɑnt] ワント
動 ～がほしい，～をほしがる

▶ want a new book　新しい本がほしい

have
410
[hæv] ハヴ
動 ～を持っている，～を食べる[飲む]　⊜ has

▶ have a dictionary　辞書を持っている

live
411
[liv] リヴ
動 住んでいる，住む

「～に住む」というときは live in ～ と in が必要だよ。

▶ live in Tokyo　東京に住んでいる

love 🔊発音
412
[lʌv] ラヴ
動 ～が大好きである，～を愛する

▶ love music　音楽が大好きである

need
413
[niːd] ニード
動 ～を必要とする

▶ need a pencil　えんぴつを必要とする

think 🔊発音
414
[θiŋk] スィンク
動 (～と)思う，考える

▶ I think so.　私はそう思います。

▷『5分間テストブック』を解いてみよう！ → 別冊 p.35

415 ～ 426

Step1 絵を見て，チャンツに続けて発音しよう。

415 can

416 do

417 does

418 see

419 meet

420 go

421 come

422 start

423 begin

424 stop

425 find

426 look

Step2 つづりと意味を見て，音声を聞こう。

□ 415 **can** [kæn] キャン	助 ～することができる，～してもよい
▶ can run fast 速く走ることができる	

> can のあとにはふつう動作を表す言葉がくるよ！

□ 416 **do** [du:] ドゥー	助 （疑問文・否定文をつくる） 動 ～をする，する
▶ Do you play tennis? あなたはテニスをしますか。	

□ 417 **does** 🔊発音 [dʌz] ダズ	助 （疑問文・否定文をつくる） 動 ～をする，する(do の3人称単数・現在形)
▶ Does he cook well? 彼はじょうずに料理をしますか。	

□ 418 **see** [si:] スィー	動 ～が見える，～を見る
▶ see mountains 山が見える	

> **See you.**「またね」は会話でよく出てくるよ！

動詞／助動詞

419 meet
[miːt] ミート
動 ～に会う，会う
▶ meet my friend　友達に会う

Nice to meet you.
「はじめまして」ははじめて会ったときの会話で出てくるね!

420 go
[gou] ゴゥ
動 行く
▶ go to a party　パーティーに行く

421 come
[kʌm] カム
動 来る
▶ come to school　学校に来る

422 start
[stɑːrt] スタート
動 始まる，～を始める
▶ start at seven　7時に始まる

423 begin
[bigín] ビギン
動 ～を始める，始まる
▶ begin a concert　コンサートを始める

424 stop
[stɑp] スタップ
動 ～を止める，止まる
▶ stop a taxi　タクシーを止める

425 find
[faind] ファインド
動 ～を見つける
▶ find my cap　私の帽子を見つける

426 look
[luk] ルック
動 （注意して）見る
▶ look at those flowers　あれらの花を見る

▷ 『5分間テストブック』を解いてみよう! → 別冊 p.36

34 動詞③

Step1 絵を見て，チャンツに続けて発音しよう。

427 take

428 get

429 snow

430 rain

431 work

432 use

433 swim

434 ski

435 skate

436 camp

437 practice

438 excuse

Step2 つづりと意味を見て，音声を聞こう。

427 **take** [teik] テイク	動 (乗り物)に乗る
▶ take a train 電車に乗る	take a bus だと「バスに乗る」だね!

428 **get** [get] ゲット	動 ～を受け取る，～を得る
▶ get an e-mail Eメールを受け取る	

429 **snow** [snou] スノウ	動 雪が降る 名 雪
▶ It snows every day. 毎日雪が降ります。	

430 **rain** [rein] レイン	動 雨が降る 名 雨
▶ It often rains here. ここではしばしば雨が降ります。	

431 **work** 🔊発音
[wə:rk] ワーク
動 働く　名 仕事
▶ work at a hospital　病院で働く

432 **use**
[juːz] ユーズ
動 ～を使う
▶ use a computer　コンピューターを使う

433 **swim**
[swim] スウィム
動 泳ぐ
▶ swim fast　速く泳ぐ

434 **ski**
[skiː] スキー
動 スキーをする
▶ ski in the mountains　山でスキーをする

435 **skate**
[skeit] スケイト
動 スケートをする
▶ skate well　じょうずにスケートをする

436 **camp**
[kæmp] キャンプ
動 キャンプをする
▶ camp in summer　夏にキャンプをする

go camping
「キャンプに行く」
でよく出るよ!

437 **practice**
[præktis] プラクティス
動 ～を練習する　名 練習
▶ practice the guitar　ギターを練習する

438 **excuse** 🔊発音
[ikskjúːz] イクスキューズ
動 ～を許す
▶ Excuse me.　すみません。

動詞

🎧 439〜450

Step1 絵を見て，チャンツに続けて発音しよう。

439 call
440 listen
445 cut
446 study
447 sleep
442 make
443 wash
441 brush
444 eat
449 help
448 cook
450 drink

Step2 つづりと意味を見て，音声を聞こう。

☐ 439
call
[kɔːl] コール
動 〜に電話をかける
▶ call my friend　友達に電話をかける

☐ 440
listen 🎤発音
[lísn] リスン
動 聞く
▶ listen to music　音楽を聞く

「〜を聞く」というときは to を忘れずに！

☐ 441
brush
[brʌʃ] ブラシ
動 〜をみがく　名 ブラシ
▶ brush my teeth　歯をみがく

☐ 442
make
[meik] メイク
動 〜を作る
▶ make a cake　ケーキを作る

動詞

---

443 wash
[waʃ] ワッシ

動 ～を洗う

▶ wash the dishes　皿を洗う

---

444 eat
[iːt] イート

動 ～を食べる，食べる

▶ eat bread for breakfast　朝食にパンを食べる

---

445 cut
[kʌt] カット

動 ～を切る

▶ cut the paper　紙を切る

---

446 study
[stʌ́di] スタディ

動 ～を勉強する，勉強する
名 勉強

▶ study English hard　熱心に英語を勉強する

---

447 sleep
[sliːp] スリープ

動 眠る

▶ sleep in bed　ベッドで眠る

---

448 cook
[kuk] クック

動 ～を料理する，料理する
名 コック

▶ cook lunch　昼食を料理する

---

449 help
[help] ヘルプ

動 ～を手伝う，～を助ける
名 助け

▶ I always help her.　私はいつも彼女を手伝います。

> help me with my homework で「私の宿題を手伝う」という意味だよ！

---

450 drink
[driŋk] ドゥリンク

動 ～を飲む，飲む
名 飲み物

▶ drink a cup of tea　1杯の紅茶を飲む

▷ 『5分間テストブック』を解いてみよう！　→ 別冊 p.38

Step1 絵を見て，チャンツに続けて発音しよう。

Step2 つづりと意味を見て，音声を聞こう。

□ 451	**close** 🎤発音 [klouz] クロウズ	動 〜を閉める，閉まる

▶ close the door　とびらを閉める

□ 452	**clean** [kliːn] クリーン	動 〜をそうじする，〜をきれいにする

▶ clean the room　部屋をそうじする

□ 453	**talk** [tɔːk] トーク	動 話す

▶ talk to them　彼らと話す

□ 454	**give** [giv] ギヴ	動 〜を与える

▶ give some money　いくらかのお金を与える

動詞

455　**put**
[put] プット

動　〜を置く

▶ put my bag on the chair　いすの上に私のかばんを置く

456　**open**
[óupən] オウプン

動　〜を開ける，開く

▶ open the window　窓を開ける

457　**speak**
[spíːk] スピーク

動　〜を話す，話す

▶ speak English　英語を話す

> speak のあとに English や Japanese がくると「〜語を話す」という意味になるよ！

458　**stand**
[stænd] スタンド

動　立つ

▶ stand by the tree　木のそばに立つ

459　**teach**
[tíːtʃ] ティーチ

動　〜を教える

▶ teach math at school　学校で数学［算数］を教える

460　**read**
[ríːd] リード

動　〜を読む，読書する

▶ read a book　本を読む

461　**write** 🔊発音
[ráit] ライト

動　〜を書く

▶ write my name　私の名前を書く

462　**sit**
[sít] スィット

動　すわる

▶ sit on a chair　いすにすわる

> sit down で「腰を下ろす」だよ！

▷ 『5分間テストブック』を解いてみよう！　→ 別冊 p.39

83

Step1 絵を見て，チャンツに続けて発音しよう。

465 walk
466 enjoy 467 sing
464 fly
463 play
468 ride
469 run
470 jog 471 jump 472 dance
473 paint
474 buy

Step2 つづりと意味を見て，音声を聞こう。

463	**play** [plei] プレイ ▶ play baseball 野球をする	動（スポーツ・ゲームなど）をする，（楽器）を演奏する
464	**fly** [flai] フライ ▶ fly in the sky 空を飛ぶ	動 飛ぶ
465	**walk** 🎤発音 [wɔːk] ウォーク ▶ walk in the park 公園を歩く	動 歩く
466	**enjoy** [indʒɔ́i] エンヂョイ ▶ enjoy the party パーティーを楽しむ	動 〜を楽しむ

467 sing
[siŋ] スィング
動 ～を歌う, 歌う

▶ sing a song　歌を歌う

「歌手」は sing に er をつけて singer だね!

468 ride
[raid] ライド
動 ～に乗る

▶ ride a bicycle　自転車に乗る

469 run 🔊発音
[rʌn] ラン
動 走る

▶ run fast　速く走る

470 jog
[dʒɑg] ヂャッグ
動 ジョギングをする

▶ jog every morning　毎朝ジョギングをする

471 jump 🔊発音
[dʒʌmp] ヂャンプ
動 とぶ

▶ jump high　高くとぶ

472 dance
[dæns] ダンス
動 踊る　名 ダンス

▶ dance to the music　音楽に合わせて踊る

473 paint
[peint] ペイント
動 (絵の具で)～を描く

▶ paint a picture　絵を描く

474 buy 🔊発音
[bai] バイ
動 ～を買う

▶ buy an ice cream　アイスクリームを買う

動詞

▷ 『5分間テストブック』を解いてみよう!　➡ 別冊 p.40

🎧 475〜486

Step1 絵を見て，チャンツに続けて発音しよう。

475 cold

476 hot

477 cloudy

478 rainy

479 sunny

480 snowy

481 windy

482 warm

483 fine

484 happy

485 sleepy

486 busy

Step2 つづりと意味を見て，音声を聞こう。

475
cold
[kould] コウルド

形 寒い，冷たい　名 風邪

▶ The room is cold.　その部屋は寒いです。

476
hot
[hɑt] ハット

形 暑い，熱い

▶ a hot summer　暑い夏

477
cloudy 🎤発音
[kláudi] クラウディ

形 くもった，くもりの

▶ It is cloudy today.　今日はくもっています。

478
rainy
[réini] レイニィ

形 雨の

▶ the rainy season　雨の季節

形容詞

---

479 sunny 🔊発音
[sǽni] サニィ

形 よく晴れた

▶ sunny weather　よく晴れた天気

---

480 snowy
[snóui] スノウイ

形 雪の，雪の降る

▶ on a snowy day　雪の日に

---

481 windy
[wíndi] ウィンディ

形 風の強い，風の吹く

▶ It is windy today.　今日は風が強いです。

---

482 warm 🔊発音
[wɔ:rm] ウォーム

形 暖かい，温かい

▶ Is it warm in Tokyo?　東京は暖かいですか。

---

483 fine
[fain] ファイン

形 元気な，晴れた，すばらしい

▶ I am fine.　私は元気です。

> 会話で How are you?「元気ですか」と聞かれたら，I'm fine, thank you.「元気です，ありがとう」のように答えるよ！

---

484 happy
[hǽpi] ハピィ

形 幸せな，うれしい

▶ I am happy.　私は幸せです。

> Happy birthday! で「誕生日おめでとう！」の意味だね！

---

485 sleepy
[slí:pi] スリーピィ

形 眠い

▶ He is sleepy.　彼は眠いです。

---

486 busy
[bízi] ビズィ

形 忙しい

▶ My mother is busy.　母は忙しいです。

▷ 『5分間テストブック』を解いてみよう！　➡ 別冊 p.41

87

Step1 絵を見て，チャンツに続けて発音しよう。

487 great　　488 hungry　　489 nice　　490 good

491 small　　492 little　　493 big　　494 large

495 tall　　496 high　　497 short　　498 long

Step2 つづりと意味を見て，音声を聞こう。

□ 487
great
[greit] グレイト
形 すばらしい
▶ He is great.　彼はすばらしいです。

□ 488
hungry
[hʌ́ŋgri] ハングリィ
形 おなかがすいた，空腹の
▶ Are you hungry?　あなたはおなかがすいていますか。

□ 489
nice
[nais] ナイス
形 すてきな，よい
▶ a nice hat　すてきな帽子

> Nice to meet you.
> 「お会いできてうれしいです」もよく出るよ！

□ 490
good
[gud] グッド
形 よい，じょうずな
▶ good friends　よい友達

---

491 **small**

[smɔːl] スモール

形 小さい

▶ a small animal　小さい動物

---

492 **little**

[lítl] リトゥル

形 小さい

▶ a little girl　小さい女の子

---

493 **big**

[big] ビッグ

形 大きい

▶ a big animal　大きい動物

---

494 **large**

[láːrdʒ] ラーヂ

形 (サイズなどが)大きい, 広い

▶ a large T-shirt　大きいTシャツ

---

495 **tall**

[tɔːl] トール

形 背が高い, (木・建物などが)高い

▶ a tall man　背が高い男性

形容詞

496 **high** 🔊発音

[hai] ハイ

形 高い, 高さが～ある

▶ a high mountain　高い山

---

497 **short**

[ʃɔːrt] ショート

形 短い

▶ a short pencil　短い鉛筆

---

498 **long**

[lɔːŋ] ローング

形 長い, 長さが～の

▶ a long dress　長いドレス

How long ～?「どのくらい長く～」と期間をたずねる表現がよく出るよ！

『5分間テストブック』を解いてみよう！　→ 別冊 p.42

89

40 量・その他

りょう・その他

Step1 絵を見て，チャンツに続けて発音しよう。

499 much

500 many

501 all

502 any

503 some

504 right

505 pretty

506 cute

507 beautiful

508 easy

509 ready

510 free

Step2 つづりと意味を見て，音声を聞こう。

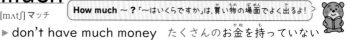

□ 499	**much** 🔊発音 [mʌtʃ] マッチ	形 （量が）たくさんの，多量の

How much 〜 ？「〜はいくらですか」は，買い物の場面でよく出るよ！

▶ don't have much money　たくさんのお金を持っていない

| □ 500 | **many** [méni] メニィ | 形 （数が）たくさんの，多数の |

▶ many students　たくさんの生徒

| □ 501 | **all** [ɔːl] オール | 形 すべての，あらゆる |

▶ all my friends　私のすべての友人

| □ 502 | **any** [éni] エニィ | 形 （疑問文で）何か［いくつかの］，（否定文で）少しも［何も］ |

▶ Do you have any pets?　あなたは何かペットを飼っていますか。

0   100   200   300   400   500   600

---

503 some ●発音
[sʌm] サム
形 いくらかの, いくつかの
▶ drink some water　いくらかの水を飲む

---

504 right ●発音
[rait] ライト
形 正しい
▶ That's right.　そのとおりです。

何かの誘いを受けたときの返事に, **All right.**「いいですよ」はよく使われるよ！

---

505 pretty
[príti] プリティ
形 きれいな, かわいらしい
▶ pretty flowers　きれいな花

---

506 cute
[kju:t] キュート
形 かわいい
▶ a cute bag　かわいいかばん

---

507 beautiful ●発音
[bjú:təfəl] ビューティフル
形 美しい
▶ a beautiful garden　美しい庭

---

508 easy
[í:zi] イーズィ
形 簡単な
▶ an easy test　簡単なテスト

---

509 ready ●発音
[rédi] レディ
形 用意ができて
▶ Dinner is ready.　夕食は用意ができてます。

---

510 free
[fri:] フリ
形 ひまな, 自由な, 無料の
▶ Are you free?　あなたはひまですか。

形容詞

▷ 『5分間テストブック』を解いてみよう！　→ 別冊 p.43

Step1 絵を見て，チャンツに続けて発音しよう。

511 soft

512 next

513 favorite

514 last

515 every

516 sweet

517 late

518 new

519 old

520 young

521 fast

522 slow

Step2 つづりと意味を見て，音声を聞こう。

□ 511
soft
[sɔːft] ソフト
▶ This bread is soft.　このパンはやわらかいです。

形 やわらかい

□ 512
next
[nekst] ネクスト
▶ next Sunday　次の日曜日

形 次の

□ 513
favorite　🎤発音
[féivərit] フェイヴ(ァ)リト
▶ my favorite food　私のお気に入りの食べ物

形 お気に入りの，大好きな

□ 514
last
[læst] ラスト
▶ the last train　最終列車

形 最後の，この前の

---

515 every

[évri] エヴリィ

形 毎〜，どの〜もすべて

every day で「毎日」という意味だよ！

▶ every Monday　毎週月曜日に

516 sweet

[swi:t] スウィート

形 甘い

▶ This cake is very sweet.　このケーキはとても甘いです。

517 late 🔊発音

[leit] レイト

形 遅い，遅れた

▶ The train is late.　電車は遅れています。

518 new

[nju:] ニュー

形 新しい

▶ a new shop　新しい店

519 old

[ould] オウルド

形 古い，年老いた

▶ an old house　古い家

520 young

[jʌŋ] ヤング

形 若い

▶ a young man　若い男性

521 fast

[fæst] ファスト

形 速い　副 速く

▶ a fast car　速い車

522 slow

[slou] スロウ

形 (動きが)遅い，ゆっくりとした

▶ The bus is very slow.　そのバスはとても遅いです。

形容詞

▷ 『5分間テストブック』を解いてみよう！ ➡ 別冊 p.44

Step1 絵を見て、チャンツに続けて発音しよう。

 523 here

 524 there

 525 up

 526 down

 527 out

528 always

529 usually

 530 often

 531 sometimes

532 now

533 then

 534 early

Step2 つづりと意味を見て、音声を聞こう。

---

 523 here
[hiər] ヒア
副 ここに、ここで
▶ Come here. ここにおいで。

---

 524 there
[ðeər] ゼア
副 そこに、そこで
▶ go there そこに行く

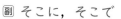 over there で「むこうに」という意味になるよ！

---

525 up
[ʌp] アップ
副 上へ、上に
▶ Stand up. 立ち上がりなさい。

---

 526 down 🔊発音
[daun] ダウン
副 下へ、下に
▶ Sit down. 腰を下ろしなさい。

527 **out** 🎤発音

[aut] アウト

副 外に，外へ

▶ go out　外に出かける

528 **always**

[ɔ́:lwəz] オールウェズ

副 いつも

▶ I always do my homework at five.　私はいつも5時に宿題をします。

529 **usually**

[júːʒuəli] ユージュアリィ

副 たいてい，ふつう

▶ I usually eat salad for breakfast.　私はたいてい朝食にサラダを食べます。

530 **often** 🎤発音

[ɔ́:fən] オーフン

副 しばしば，よく

▶ I often use a computer.　私はしばしばコンピューターを使います。

531 **sometimes**

[sʌ́mtaimz] サムタイムズ

副 ときどき

▶ We sometimes talk on the phone.　私たちはときどき電話で話します。

532 **now**

[nau] ナウ

副 今

▶ We are watching TV now.　私たちは今，テレビを見ています。

533 **then**

[ðen] ゼン

副 それから，それでは

▶ I get home and then play the piano.　私は帰宅して，それからピアノをひきます。

534 **early**

[ə́ːrli] アーリィ

副 早く

▶ get up early　早く起きる

副詞

▷『5分間テストブック』を解いてみよう！　➡ 別冊 p.45

🎧 535 ～ 546

Step1 絵を見て，チャンツに続けて発音しよう。

535 very

536 really

537 please

538 not

539 just

540 also

541 too

542 together

543 well

544 only

545 around

546 o'clock

Step2 つづりと意味を見て，音声を聞こう。

□ 535

very
[véri] ヴェリィ

副 とても

> Her Japanese is very good.　彼女の日本語はとてもじょうずです。

Thank you very much.「どうもありがとう」もよく出るよ！

□ 536

really
[ríːəli] リー（ア）リィ

副 本当に

> This dog is really big.　このイヌは本当に大きいです。

□ 537

please
[pliːz] プリーズ

副 どうぞ

> Please come in.　どうぞお入りください。

□ 538

not
[nɑt] ナット

副 ～でない，～しない

> That is not mine.　それは私のものではありません。

---

539 just
[dʒʌst] ヂャスト

副 ただ〜だけ，ちょうど

▶ I am just looking.　見ているだけです。

540 also
[ɔ́:lsou] オールソウ

副 〜もまた

▶ I also play tennis.　私もまたテニスをします。

541 too
[tu:] トゥー

副 〜もまた，あまりに〜すぎる

▶ I like cats, too.　私もネコが好きです。

too small「小さすぎる」のように「あまりに〜すぎる」の意味でも出るよ！

542 together 🎤発音
[təɡéðər] トゥゲザァ

副 いっしょに

▶ study together　いっしょに勉強する

543 well
[wel] ウェル

副 じょうずに，うまく

▶ sing well　じょうずに歌う

544 only
[óunli] オウンリィ

副 ただ〜だけ

▶ only on Saturdays　土曜日にだけ

545 around
[əráund] アラウンド

副 〜ころ，およそ

▶ around eleven　11時ごろ

546 o'clock
[əklák] オクラック

副 〜時（ちょうど）

▶ 5 o'clock in the morning　朝の5時

副詞

▷『5分間テストブック』を解いてみよう！　→ 別冊 p.46

547～558

Step1 絵を見て，チャンツに続けて発音しよう。
え　み　　　　　　　　　　つづ　　　はつおん

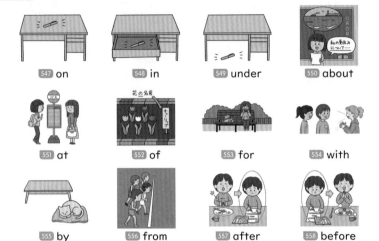

547 on　　548 in　　549 under　　550 about

551 at　　552 of　　553 for　　554 with

555 by　　556 from　　557 after　　558 before

Step2 つづりと意味を見て，音声を聞こう。
いみ　み　　おんせい　き

□ 547	**on** [ɑn] アン	前 ～の上に，（手段）で うえ　　しゅだん on TV は「テレビで」という意味になるよ! ▶ The pen is on the desk. ペンは机の上にあります。つくえ　うえ
□ 548	**in** [in] イン	前 （場所・位置）の中に[で]，（時間）に ばしょ　いち　なか　　じかん ▶ He is in the classroom. 彼は教室の中にいます。かれ　きょうしつ　なか
□ 549	**under** [ʌ́ndər] アンダァ	前 ～の下に した ▶ My cat is under the table. 私のネコはテーブルの下にいます。わたし　　　　　　　した
□ 550	**about** 🎤発音 [əbáut] アバウト	前 ～について（の） 副 およそ，約 やく ▶ talk about my summer vacation 私の夏休みについて話す わたし　なつやす　　　はな

98

---

551 **at**
[æt] アット
▶ meet at the bus stop バス停で会う

前 (場所)に[で], (時刻)に

---

552 **of**
[ʌv] アヴ
▶ the name of the flower その花の名前

前 (所有・所属)の

---

553 **for**
[fɔːr] フォー
▶ eat a hamburger for lunch 昼食にハンバーガーを食べる

前 〜のために, (時間)の間

---

554 **with**
[wið] ウィズ
▶ go out with my friends 友達といっしょに出かける

前 〜といっしょに, (手段)で

---

555 **by**
[bai] バイ
▶ live by the sea 海のそばに住む

前 (場所)のそばに, (手段)で

---

556 **from**
[frɑm] フラム
▶ walk from here ここから歩く

前 (場所)から, (時間)から

from Tokyo to Hokkaido は「東京から北海道まで」という意味だよ！

---

557 **after**
[æftər] アフタァ
▶ after dinner 夕食の後に

前 〜の後に

---

558 **before**
[bifɔ́ːr] ビフォー
▶ before breakfast 朝食の前に

前 〜の前に

▷ 『5分間テストブック』を解いてみよう！ ➡ 別冊 p.47

前置詞

Step1 絵を見て，チャンツに続けて発音しよう。

559 and

560 or

561 but

562 so

563 what

564 where

565 when

566 who

567 whose

568 which

569 why

570 how

Step2 つづりと意味を見て，音声を聞こう。

☐ 559

and
[ænd] アンド

▶ egg and toast　卵とトースト

接 ～と…，そして

☐ 560

or
[ɔːr] オー(ァ)

▶ tea or coffee　紅茶かコーヒー

接 ～か…

☐ 561

but
[bʌt] バット

▶ He likes math, but I don't.　彼は数学[算数]が好きですが，私は好きではありません。

接 けれども，しかし

☐ 562

so
[sou] ソウ

▶ The dress is very pretty, so I like it.　そのドレスはとてもすてきなので，私はそれが好きです。

接 それで，だから

563 what
[hwɑt] (フ)ワット

疑 何, 何の

▶ What are you doing?　あなたは何をしていますか。

564 where
[hweər] (フ)ウェア

疑 どこに, どこへ

相手の出身地をたずねる **Where are you from?** の表現もおぼえよう！

▶ Where is your notebook?　あなたのノートはどこですか。

565 when
[hwen] (フ)ウェン

疑 いつ

▶ When do you read books?　いつ本を読みますか。

566 who
[huː] フー

疑 だれ, だれが

▶ Who is this man?　この男性はだれですか。

567 whose
[huːz] フーズ

疑 だれの

▶ Whose cap is this?　これはだれの帽子ですか。

568 which
[hwitʃ] (フ)ウィッチ

疑 どの, どれ

▶ Which pen do you want?　どのペンがほしいですか。

569 why
[hwai] (フ)ワイ

疑 なぜ, どうして

▶ Why is he busy?　なぜ彼は忙しいのですか。

570 how
[hau] ハウ

疑 どうやって, どれくらい

How old are you?「何歳ですか？」と年齢を聞く表現も出るよ！

▶ How do you go there?　あなたはどうやってそこに行きますか。

接続詞／疑問詞

▷ 『5分間テストブック』を解いてみよう！　→ 別冊 p.48

— 当日の流れ —

いよいよ英検当日！　ケンとアカネは無事に受験に臨めるかな？

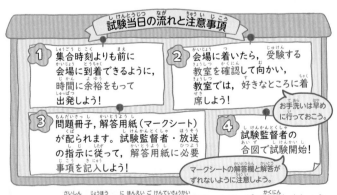

最新の情報は日本英語検定協会のホームページで確認しましょう。

熟語30

この章では英検で
複数回出てきた熟語を学習するよ！
しっかりおぼえて，ほかの人と差をつけよう！

Step1 絵を見て，チャンツに続けて発音しよう。

571 get up

572 like dancing

573 go to 〜

574 go fishing

575 speak to 〜

576 listen to 〜

577 go home

578 take a bath

579 take a shower

580 do my homework

Step2 つづりと意味を見て，音声を聞こう。

571 get up

起きる

▶ I **get up** at six.
私は6時に起きます。

572 like dancing

踊ることが好きだ

> 「〜することが好き」というときは，like のあとに〈動詞＋-ing〉の形を置くよ。

▶ I **like dancing**.
私は踊ることが好きです。

573 go to ～

～へ行く

▶ I **go to** school at eight.
私は8時に学校に行きます。

574 go fishing

釣りに行く

「買い物に行く」なら go shopping、「泳ぎに行く」なら go swimming だね。

▶ We **go fishing** on weekends.
私たちは週末に釣りに行きます。

575 speak to ～

～と話す

▶ Mr. Smith often **speaks to** me.
スミスさんはよく私と話します。

576 listen to ～

～を聞く

▶ He always **listens to** his favorite songs.
彼はいつも彼のお気に入りの歌を聞きます。

577 go home

家に帰る

▶ We **go home** at four.
私たちは4時に家に帰ります。

578 take a bath

風呂に入る

▶ I **take a bath** after dinner.
私は夕食後に風呂に入ります。

579 take a shower

シャワーを浴びる

▶ My father **takes a shower** before dinner.
父は夕食前にシャワーを浴びます。

580 do my homework

宿題をする

「(私が)私の宿題をする」なら do my homework、「(彼が)彼の宿題をする」なら does his homework だね。

▶ I **do my homework** at night.
私は夜に宿題をします。

動詞の働きをする熟語

▷ 『5分間テストブック』を解いてみよう！ ➡ 別冊 p.49

105

Step1 絵を見て，チャンツに続けて発音しよう。

581 look at 〜

582 be in the 〜 club

583 be on the 〜 team

584 come to 〜

585 take a picture

586 live in 〜

587 talk about 〜

588 sit down

589 stand up

590 come from 〜

Step2 つづりと意味を見て，音声を聞こう。

581

look at 〜

〜を見る

▶ She is **looking at** the picture.
彼女は絵を見ています。

582

be in the 〜 club

〜部に入っている

▶ She **is in the** art **club**.
彼女は美術部に入っています。

0　　　100　　　200　　　300　　　400　　　500　　　600

583 be on the ～ team

～のチームに入っている

▶ He **is on the** soccer **team**.
彼はサッカーのチームに入っています。

サッカーなどのスポーツ系の部活には **team** を使うよ！

584 come to ～

～に来る

▶ My friends often **come to** my house and play.
私の友達はよく私の家に来て遊びます。

585 take a picture

写真をとる

▶ Let's **take pictures** here.
ここで写真をとりましょう。

586 live in ～

～に住んでいる

▶ They **live in** London now.
彼らは今ロンドンに住んでいます。

587 talk about ～

～について話す

▶ They often **talk about** their teachers.
彼らはよく彼らの教師について話します。

588 sit down

すわる

▶ **Sit down**, please.
すわってください。

589 stand up

立ち上がる

▶ Please **stand up**, everyone.
みなさん，立ち上がってください。

590 come from ～

～の出身である

▶ I **come from** America.
私はアメリカの出身です。

自己紹介の場面などでよく出てくるよ！

動詞の働きをする熟語

▷ 『5分間テストブック』を解いてみよう！ → 別冊 p.50

107

48 その他の熟語

🎧 591〜600

Step1 絵を見て，チャンツに続けて発音しよう。

591 at school

592 at home

593 over there

594 〜 year(s) old

595 after school

596 from 〜 to ...

597 on TV

598 a lot of 〜

599 a cup of 〜

600 a glass of 〜

Step2 つづりと意味を見て，音声を聞こう。

591

at school

学校で[に]

▶ They are **at school**.
彼らは学校にいます。

592

at home

家で[に]

▶ He studies **at home** on weekends.
彼は週末に家で勉強します。

593 **over there** — あそこに, 向こうに

▶ The library is **over there**.
図書館はあそこにあります。

594 **~ year(s) old** — ~歳

▶ She is 11 **years old**.
彼女は11歳です。

595 **after school** — 放課後

> **after**は「~のあとで」の意味だよ!

▶ The girls sometimes go shopping **after school**.
その女の子たちは放課後, ときどき買い物に行きます。

596 **from ~ to ...** — (時間, 場所)から(時間, 場所)まで

▶ This bus goes **from** Shinjuku **to** Shibuya.
このバスは新宿から渋谷まで行きます。

597 **on TV** — テレビで

▶ They are watching animals **on TV**.
彼女らはテレビで動物を見ています。

598 **a lot of ~** — たくさんの~

> **a lot of** は **many** や **much** とほぼ同じ意味を表すよ!

▶ She has **a lot of** books.
彼女はたくさんの本を持っています。

その他の熟語

599 **a cup of ~** — カップ1杯の~

▶ She drinks **a cup of** tea every morning.
彼女は毎朝カップ1杯の紅茶を飲みます。

600 **a glass of ~** — コップ1杯の~

▶ She wants **a glass of** water.
彼女はコップ1杯の水をほしがっています。

▷ 『5分間テストブック』を解いてみよう! ➡ 別冊 p.51

★ 英検TIPS!

― 当日の持ち物 ―

教室で英検を間近にひかえたケンとアカネが話しているよ。

持ち物チェックリストだよ。本番前日に確認して，✓を入れてね。

- □ 一次受験票
- □ HBの黒えんぴつ，またはシャープペンシル
  使い慣れているものが◎。予備も必ず持っていこう!
- □ 消しゴム　消しやすいもの，よく消えるものを選ぼう!
- □ うで時計　会場にあることが多いけれど，近くに置いておくと安心!
- □ うわばき　不要な会場もあるよ。確認しよう。

会話表現40
かいわひょうげん

最後に会話表現を学習するよ!
さいご　かいわひょうげん　がくしゅう
リスニングや会話文の空所補充問題で頻出!
かいわぶん　くうしょほじゅうもんだい　ひんしゅつ
よく出る40の表現を確実に身につけよう!
で　ひょうげん　かくじつ　み

会話表現①

5級ではあいさつや自己紹介の場面がよく出るよ。

1 あいさつ・自己紹介

□01 あいさつをする

Good morning, Ms. Smith. How are you doing?
おはようございます，スミス先生。お元気ですか。

I'm fine, and you?
元気よ，あなたはどう？

□02 自己紹介をする

Hi, Tim. This is my friend, Ken.
こんにちは，ティム。こちらは私の友達のケンよ。

I'm Tim. Nice to meet you.
ティムです。はじめまして。

□03 別れぎわのあいさつをする

Goodbye. See you.
さようなら。またね。

Bye. See you tomorrow.
じゃあね。また明日会いましょう。

□04 別れぎわのあいさつをする

Have a nice day.
よい1日を。

Thank you. You, too.
ありがとう。あなたもね。

英検の筆記問題やリスニングでよく出る会話表現を紹介します。
イラストで場面を確認しながら，音声を聞こう。

what，where，how 〜などのたずねる表現を正しくおぼえよう。

2 相手のことを聞く

☐05 名前を聞く

🙂 **What's your name?**
あなたの名前は何ですか。

🙂 **My name is Ellen.**
私の名前はエレンです。

☐06 出身を聞く

🙂 **Where are you from?**
あなたはどこの出身ですか。

🙂 **I'm from Japan.**
日本の出身です。

☐07 年齢を聞く

🙂 **How old are you?**
何歳ですか。

🙂 **I'm ten years old.**
10歳です。

☐08 相手はどうかを聞く

🙂 **I like cats. How about you?**
ぼくはネコが好き。きみはどう？

🙂 **Me, too.**
私も。

会話表現②

 09〜16

Can I 〜? と Can you 〜? のちがいに注意しよう。

3 依頼・提案・勧誘など

■09 本を見てもいいか聞く

Can I see your book?
きみの本を見てもいい？

Of course. Here you are.
もちろん。どうぞ。

■10 窓を閉めるように頼む

Can you close the window?
窓を閉めてくれる？

Sure.
いいよ。

■11 昼食を食べようと提案する

Let's eat lunch there.
あそこで昼食を食べよう。

Good idea.
いい考えね。

■12 ドアを開けるように頼む

Please open the door, Ken.
ケン，ドアを開けてください。

All right.
わかりました。

英検の筆記問題やリスニングでよく出る会話表現を紹介します。
イラストで場面を確認しながら，音声を聞こう。

 「～しなさい」「～してはいけません」などの言い方をおぼえよう！

4 命令・禁止

13 夕食に来るように言う

Paul, come on!
It's time for dinner.
ポール，いらっしゃい！　夕食の時間よ。

OK. I'm coming!
わかった。今行くよ！

14 電話の使用を禁止する

Don't use your phone here.
ここで電話を使わないでください。

Oh, I'm sorry.
ああ，ごめんなさい。

15 顔を洗うように言う

Wash your face before breakfast.
朝食前に顔を洗いなさい。

OK.
わかったよ。

16 写真撮影を禁止する

You can't take pictures here.
ここで写真をとってはいけません。

I see.
わかりました。

会話表現

会話表現③

 買い物やお礼などに使われる決まった表現をおぼえよう！

5 買い物

■17 値段を聞く

How much is this cap?
この帽子はいくらですか。

It's ten dollars.
10ドルです。

■18 おつりを渡す

Here's your change.
はい，おつりです。

Thanks.
ありがとうございます。

6 お礼

■19 手伝ってくれたことに感謝する

Thank you for your help.
手伝ってくれてありがとう。

You're welcome.
どういたしまして。

■20 招待してくれたお礼を言う

Welcome to my house!
ようこそわが家へ！

Thank you for inviting me.
お招きいただきありがとう。

英検の筆記問題やリスニングでよく出る会話表現を紹介します。
イラストで場面を確認しながら，音声を聞こう。

電話や道案内での会話はリスニングでよく出るよ！

7 電話

21 相手が在宅かを聞く

Hello. Is Hanako at home?
もしもし。花子さんはいらっしゃいますか。

Sorry, she is at the library now.
ごめんなさい，彼女は今，図書館にいるの。

8 道案内

22 バスの行き先について聞く

Does this bus go to Minami Station? このバスは南駅へ行きますか。

Yes, it does.
はい，行きます。

23 場所を聞く

Excuse me, where is the zoo?
すみません，動物園はどこですか。

It's near the park.
公園の近くです。

9 いろいろな質問

24 食べ物などがほしいか聞く

Do you want some chocolate?
チョコレートがほしい？

No, thank you.
ううん，いらないよ。

 英検では how を用いた疑問文に対する応答がよく問われるよ！

■25 交通手段を聞く

How do you go there?
きみはそこへはどうやって行くの？

I go by bus.
バスで行くよ。

■26 天気を聞く

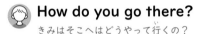

How is the weather?
天気はどう？

It's rainy.
雨だよ。

■27 時間の長さを聞く

How long do you study English every day?
あなたは毎日どのくらい英語を勉強するの？

For two hours.
2 時間だよ。

■28 身長を聞く

How tall is your father?
あなたのお父さんはどれくらいの背の高さなの？

He is 180 centimeters tall.
彼の身長は 180 センチメートルだよ。

英検の筆記問題やリスニングでよく出る会話表現を紹介します。
イラストで場面を確認しながら，音声を聞こう。

 数を聞くときは **How many ～?** 量を聞くときは **How much ～?** だよ！

■29 数を聞く

How many books do you have?
きみは何冊の本を持っているの？

I have about 300 books.
私はだいたい 300 冊の本を持っているよ。

■30 過ごし方を聞く

What do you do on Saturday?
あなたは土曜日には何をしますか。

I read books.
私は本を読むの。

■31 何が食べたいかを聞く

What do you want for dinner?
あなたは夕ご飯に何が食べたい？

I want curry and rice.
カレーライスがいいな。

■32 今日の日付を聞く

What's the date today?
今日は何月何日？

It's August 10th.
8月 10 日よ。

かいわひょうげん

ようび、時間を聞くときの言い方をそれぞれ整理しておこう！

■33 何曜日かを聞く

 What day is it today?
今日は何曜日？

It's Wednesday.
水曜日だよ。

■34 時刻を聞く

 What time is it?
何時？

 It's seven ten.
7時10分よ。

■35 する時刻を聞く

 What time do you come to school?
何時に学校に来るの？

At eight o'clock.
8時です。

■36 いつなのかを聞く

 When is the party?
パーティーはいつ？

 It's next Sunday.
次の日曜日だよ。

英検の筆記問題やリスニングでよく出る会話表現を紹介します。
イラストで場面を確認しながら，音声を聞こう。

 who と **whose** を聞きまちがえないように注意しよう！

■37 どこへ行きたいかを聞く

Where do you want to go?
どこへ行きたい？

I want to go to the zoo.
動物園へ行きたいな。

■38 どちらがほしいかを聞く

Which do you want, this shirt or that shirt?
このシャツとあのシャツではどちらがほしい？

I want this one.
このシャツがほしいな。

■39 だれであるのかを聞く

Who is this man?
この男性はだれ？

He is my grandfather.
彼はぼくの祖父だよ。

■40 だれのものかを聞く

Whose car is that?
あれはだれの車？

It's my father's.
私の父のよ。

🔍 さくいん

わかるに かえる! **5**分間

テストブック

5級

すべての単語・熟語の
確認問題があるよ!

単語帳で
学習したあとに、
赤シートを使って
問題をとこう。

BUNRI

もくじ

CONTENTS

このテストブックは,
単語帳1単元2ページに対し,1ページで対応しています。

 単語帳   テストブック

1 2 ↺ 1

テストブックには,単語帳に載っているすべての単語・熟語の問題が掲載されています。赤シートを使って定着を確認し,おぼえていなかった単語・熟語のチェックらん(□)に✓を入れましょう。単語帳にもどって見直しをすると,より効果的です。

取り外して
スキマ時間にも
使ってね!

1

学習記録表

テストの結果を記録しよう!

- チェックの数が **2つ以下** の場合→ **「よくできた」** にチェック
- チェックの数が **3つ〜5つ** の場合→ **「できた」** にチェック
- チェックの数が **6つ以上** の場合→ **「もう少し」** にチェック

単元	よくできた	できた	もう少し
例	✓		
1			
2			
3			
4			
5			
6			
7			
8			
9			
10			

単元	よくできた	できた	もう少し
11			
12			
13			
14			
15			
16			
17			
18			
19			
20			
21			

「もう少し」にチェックが入った単元は
しっかり見直ししようね!

単元	よくできた	できた	もう少し
22			
23			
24			
25			
26			
27			
28			
29			
30			
31			
32			
33			
34			
35			

単元	よくできた	できた	もう少し
36			
37			
38			
39			
40			
41			
42			
43			
44			
45			
46			
47			
48			

くりかえしが大事だよ!

1 次の絵を表す単語をおぼえているか確認しましょう。わからなかったものには
チェックを入れましょう。

□(1)

flower

□(2)
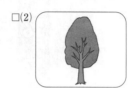
tree

□(3)
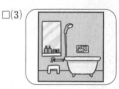
bathroom

□(4)

bedroom

□(5)

dining room

□(6)
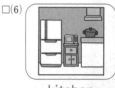
kitchen

ヒント

★ bedroom　　★ bathroom　　★ dining room　　★ tree
★ kitchen　　★ flower

2 次の日本語の意味を表す英語をおぼえているか確認しましょう。わからなかっ
たものにはチェックを入れましょう。

□(1) 家, 住宅　　　　　house

□(2) ペット　　　　　　pet

□(3) 部屋　　　　　　　room

□(4) 庭　　　　　　　　garden

□(5) 居間　　　　living room

□(6) 家に　　at　　home

ヒント

★ living room　★ garden　★ pet　★ home　★ house　★ room

▷ おぼえていなかった単語は**単語帳 12 ページ**にもどって, もういちど確認しよう。

さあ、おぼえているかな!?

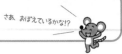

1 次の絵を表す単語をおぼえているか確認しましょう。わからなかったものには チェックを入れましょう。

☐(1)

table

☐(2)

phone

☐(3)
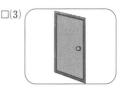
door

☐(4)
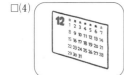
calendar

☐(5)
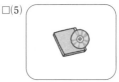
DVD

☐(6)

newspaper

ヒント

★ door　★ DVD　★ calendar　★ newspaper　★ phone
★ table

2 次の日本語の意味を表す英語をおぼえているか確認しましょう。わからなかっ たものにはチェックを入れましょう。

☐(1) 番組　　　　　show

☐(2) いす　　　　　chair

☐(3) ソファー　　　sofa

☐(4) 壁　　　　　　wall

☐(5) 床　　　　　　floor

☐(6) テレビを見る　watch　　TV

ヒント

★ floor　★ chair　★ wall　★ TV　★ show　★ sofa

▷ おぼえていなかった単語は**単語帳14ページ**にもどって, もういちど確認しよう。

1 次の絵を表す単語をおぼえているか確認しましょう。わからなかったものには
チェックを入れましょう。

□(1)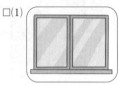
window

□(2)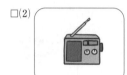
radio

□(3)
clock

□(4)
backpack

□(5)
computer

□(6)
basket

ヒント
★ clock   ★ radio   ★ computer   ★ basket
★ window   ★ backpack

2 次の日本語の意味を表す英語をおぼえているか確認しましょう。わからなかっ
たものにはチェックを入れましょう。

□(1) 漫画本　　　　　comic book

□(2) ベッド　　　　　bed

□(3) E メール　　　　e-mail

□(4) 日記　　　　　　diary

□(5) 雑誌　　　　　　magazine

□(6) 机の上に　　on the ___ desk

ヒント
★ comic book   ★ diary   ★ e-mail   ★ bed   ★ desk
★ magazine

 おぼえていなかった単語は**単語帳 16 ページ**にもどって，もういちど確認しよう。

家の中④

1 次の絵を表す単語をおぼえているか確認しましょう。わからなかったものにはチェックを入れましょう。

□(1)
pen

□(2)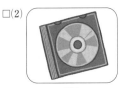
CD

□(3)
notebook

□(4)
eraser

□(5)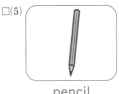
pencil

□(6)
postcard

 ヒント ★ notebook ★ pencil ★ CD ★ postcard ★ eraser ★ pen

2 次の日本語の意味を表す英語をおぼえているか確認しましょう。わからなかったものにはチェックを入れましょう。

□(1) 物語 ___story___

□(2) 本 ___book___

□(3) 辞書 ___dictionary___

□(4) タオル ___towel___

□(5) アルバム ___album___

□(6) 手紙を書く write a ___letter___

 ヒント ★ towel ★ dictionary ★ album ★ book ★ letter ★ story

> おぼえていなかった単語は**単語帳18ページ**にもどって，もういちど確認しよう。

5 町の中①

1 次の絵を表す単語をおぼえているか確認しましょう。わからなかったものには
チェックを入れましょう。

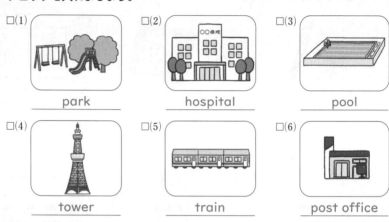

□(1) park

□(2) hospital

□(3) pool

□(4) tower

□(5) train

□(6) post office

ヒント ★ pool ★ park ★ tower ★ hospital ★ post office ★ train

2 次の日本語の意味を表す英語をおぼえているか確認しましょう。わからなかっ
たものにはチェックを入れましょう。

□(1) 図書館　　　　　library

□(2) 建物　　　　　building

□(3) ベンチ　　　　　bench

□(4) 銀行　　　　　bank

□(5) レストラン　　　　restaurant

□(6) 駅に行く　go to the ＿＿＿ station

ヒント ★ bank ★ bench ★ station ★ restaurant
★ building ★ library

▷ おぼえていなかった単語は**単語帳 20 ページ**にもどって，もういちど確認しよう。

6 町の中②

1 次の絵を表す単語をおぼえているか確認しましょう。わからなかったものには
チェックを入れましょう。

□(1)

store

□(2)

bike

□(3)

museum

ヒント
★ bike ★ store ★ museum

2 次の日本語の意味を表す英語をおぼえているか確認しましょう。わからなかっ
たものにはチェックを入れましょう。

□(1) スーパーマーケット　　　supermarket

□(2) タクシー　　　　　　　　taxi

□(3) 通り　　　　　　　　　　street

□(4) 動物園　　　　　　　　　zoo

□(5) デパート　　　department store

□(6) 書店　　　　　　　　　bookstore

□(7) 映画　　　　　　　　　movie

□(8) 店　　　　　　　　　　shop

□(9) 車の中で　　　in the ___car___

ヒント

★ street ★ zoo ★ supermarket ★ department store
★ car ★ taxi ★ movie ★ shop ★ bookstore

おぼえていなかった単語は**単語帳22ページ**にもどって，もういちど確認しよう。

9

7 町の中③

1 次の単語の意味を選びましょう。わからなかったものにはチェックを入れましょう。

□(1)

fishing

（ 魚釣り ／ 買い物 ）

□(2)

bridge

（ 書店 ／ 橋 ）

□(3)

plane

（ 飛行機 ／ 公園 ）

□(4)

river

（ 湖 ／ 川 ）

□(5)

mountain

（ 山 ／ 駅 ）

□(6)

ship

（ 船 ／ 店 ）

2 次の日本語の意味を表す英語をおぼえているか確認しましょう。わからなかったものにはチェックを入れましょう。

□(1) コンサート　　　　concert

□(2) 海　　　　　　　　sea

□(3) 空港　　　　　　　airport

□(4) 浜辺　　　　　　　beach

□(5) バス　　　　　　　bus

□(6) 人々　　　　　　　people

ヒント

 ★ sea ★ beach ★ bus ★ concert ★ airport ★ people

▷ おぼえていなかった単語は**単語帳 24 ページ**にもどって，もういちど確認しよう。

8 家族・人 ①

1 次の単語の意味を選びましょう。わからなかったものにはチェックを入れましょう。

□(1)

father

（ 母 ／**父**⃝ ）

□(2)

mother

（**母**⃝ ／ 父 ）

□(3)

grandmother

（**祖母**⃝ ／ 祖父 ）

□(4)

family

（ 家 ／**家族**⃝ ）

□(5)

daughter

（**娘**⃝ ／ 息子 ）

□(6)

grandfather

（ 祖母 ／**祖父**⃝ ）

2 次の日本語の意味を表す英語をおぼえているか確認しましょう。わからなかったものにはチェックを入れましょう。

□(1) お母さん _____ mom
□(2) 息子 _____ son
□(3) おばあちゃん _____ grandma
□(4) おじいちゃん _____ grandpa
□(5) 子ども(child)の複数形 _____ children
□(6) お父さん _____ dad

ヒント ★ son ★ dad ★ mom ★ children ★ grandma ★ grandpa

▷ おぼえていなかった単語は**単語帳 26 ページ**にもどって，もういちど確認しよう。

9 家族・人 ②

1 次の単語の意味を選びましょう。わからなかったものにはチェックを入れましょう。

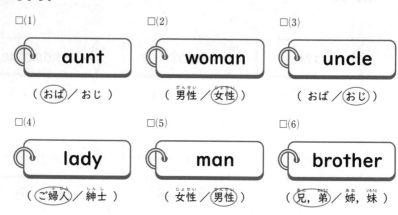

□(1)
aunt
（おば／おじ）

□(2)
woman
（男性／女性）

□(3)
uncle
（おば／おじ）

□(4)
lady
（ご婦人／紳士）

□(5)
man
（女性／男性）

□(6)
brother
（兄，弟／姉，妹）

2 次の日本語の意味を表す英語をおぼえているか確認しましょう。わからなかったものにはチェックを入れましょう。

□(1) 女の子   girl
□(2) （男性の姓名の前につけて）～さん，～氏   Mr.
□(3) 姉，妹   sister
□(4) 男の子   boy
□(5) （女性の姓名の前につけて）～さん   Ms.
□(6) （結婚している女性の姓名の前につけて）
　　～さん，～夫人   Mrs.

ヒント ★ Mr. ★ boy ★ Mrs. ★ Ms. ★ girl ★ sister

▷ おぼえていなかった単語は**単語帳 28 ページ**にもどって，もういちど確認しよう。

10 職業 （しょくぎょう）

1 次（つぎ）の絵（え）を表（あらわ）す単語（たんご）をおぼえているか確認（かくにん）しましょう。わからなかったものには
チェックを入（い）れましょう。

□(1)
dancer

□(2)
driver

□(3)
singer

□(4)
pilot

□(5)
nurse

□(6)
doctor

ヒント
★ doctor ★ dancer ★ driver ★ singer ★ pilot ★ nurse

2 次（つぎ）の日本語（にほんご）の意味（いみ）を表（あらわ）す英語（えいご）をおぼえているか確認（かくにん）しましょう。わからなかっ
たものにはチェックを入（い）れましょう。

□(1) 仕事（しごと）　　　　　　job

□(2) 水泳選手（すいえいせんしゅ）　　swimmer

□(3) 警察官（けいさつかん）　　　police officer

□(4) ウェイター　　　　waiter

□(5) 消防士（しょうぼうし）　　　firefighter

□(6) ピアニスト　　　　pianist

ヒント
★ pianist　★ swimmer　★ police officer　★ firefighter
★ job　★ waiter

> おぼえていなかった単語（たんご）は**単語帳（たんごちょう）30 ページ**にもどって，もういちど確認（かくにん）しよう。

13

11 食べ物①

1 次の絵を表す単語をおぼえているか確認しましょう。わからなかったものにはチェックを入れましょう。

□(1)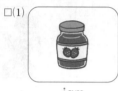
jam

□(2)
salad

□(3)
rice

□(4)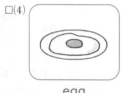
egg

□(5)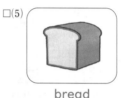
bread

□(6)
meat

 ヒント
★ salad ★ rice ★ meat ★ egg ★ jam ★ bread

2 次の日本語の意味を表す英語をおぼえているか確認しましょう。わからなかったものにはチェックを入れましょう。

□(1) トースト _____toast_____
□(2) 夕食 _____dinner_____
□(3) 昼食 _____lunch_____
□(4) カレー _____curry_____
□(5) 食べ物 _____food_____
□(6) 朝食を食べる have _____breakfast_____

ヒント
★ dinner ★ food ★ toast ★ breakfast ★ curry ★ lunch

▶ おぼえていなかった単語は**単語帳 32 ページ**にもどって，もういちど確認しよう。

12 食べ物②

1 次の絵を表す単語をおぼえているか確認しましょう。わからなかったものにはチェックを入れましょう。

□(1)
potato

□(2)
tomato

□(3)
apple

□(4)
carrot

□(5)
cucumber

□(6)
pumpkin

ヒント
★ pumpkin　★ apple　★ cucumber　★ potato
★ carrot　★ tomato

2 次の日本語の意味を表す英語をおぼえているか確認しましょう。わからなかったものにはチェックを入れましょう。

□(1) 野菜　　　　　　vegetables

□(2) ブドウ　　　　　grapes

□(3) バナナ　　　　　banana

□(4) 果物　　　　　　fruit

□(5) イチゴ　　　　　strawberry

□(6) 買い物に行く　go　shopping

ヒント
★ shopping　★ vegetables　★ banana　★ grapes
★ strawberry　★ fruit

> おぼえていなかった単語は**単語帳 34 ページ**にもどって，もういちど確認しよう。

1 次の絵を表す単語をおぼえているか確認しましょう。わからなかったものにはチェックを入れましょう。

□(1) hamburger

□(2) ice cream

□(3) soup

□(4) juice

□(5) pizza

□(6) pie

ヒント

★ soup　★ hamburger　★ pizza　★ pie　★ juice　★ ice cream

2 次の日本語の意味を表す英語をおぼえているか確認しましょう。わからなかったものにはチェックを入れましょう。

□(1) 茶　　　　　　　　　　　tea

□(2) デザート　　　　　　　　dessert

□(3) 水　　　　　　　　　　　water

□(4) サンドイッチ　　　　　　sandwich

□(5) カップ1杯のコーヒー　　a cup of coffee

□(6) コップ1杯の牛乳　　　　a glass of milk

ヒント

★ coffee　★ sandwich　★ tea　★ water　★ milk　★ dessert

▶ おぼえていなかった単語は**単語帳 36 ページ**にもどって，もういちど確認しよう。

1 次の絵を表す単語をおぼえているか確認しましょう。わからなかったものにはチェックを入れましょう。

□(1)

cake

□(2)

hat

□(3)

doughnut

 ★ hat ★ doughnut ★ cake

2 次の日本語の意味を表す英語をおぼえているか確認しましょう。わからなかったものにはチェックを入れましょう。

□(1) あめ   candy

□(2) プレゼント   present

□(3) 箱   box

□(4) 誕生日   birthday

□(5) パーティー   party

□(6) カメラ   camera

□(7) チョコレート   chocolate

□(8) クッキー   cookie

□(9) 歌を歌う   sing a   song

 ★ present ★ candy ★ party ★ song ★ birthday
★ box ★ camera ★ cookie ★ chocolate

> おぼえていなかった単語は**単語帳 38 ページ**にもどって，もういちど確認しよう。

1 次の絵を表す単語をおぼえているか確認しましょう。わからなかったものには
チェックを入れましょう。

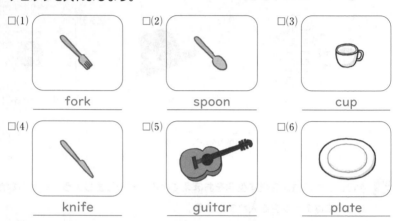

□(1) fork

□(2) spoon

□(3) cup

□(4) knife

□(5) guitar

□(6) plate

ヒント ★ cup ★ plate ★ guitar ★ spoon ★ knife ★ fork

2 次の日本語の意味を表す英語をおぼえているか確認しましょう。わからなかっ
たものにはチェックを入れましょう。

□(1) コップ　　　　　　　glass

□(2) 皿　　　　　　　　　dish

□(3) フルート　　　　　　flute

□(4) バイオリン　　　　　violin

□(5) はし　　　　　　　chopsticks

□(6) ピアノをひく　　play the piano

ヒント ★ glass ★ piano ★ violin ★ chopsticks ★ flute ★ dish

▷ おぼえていなかった単語は**単語帳 40 ページ**にもどって，もういちど確認しよう。

16 学校① _{がっこう}

1 次の単語の意味を選びましょう。わからなかったものにはチェックを入れましょう。

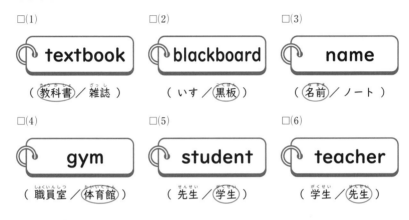

□(1)
textbook
（ 教科書 / 雑誌 ）

□(2)
blackboard
（ いす / 黒板 ）

□(3)
name
（ 名前 / ノート ）

□(4)
gym
（ 職員室 / 体育館 ）

□(5)
student
（ 先生 / 学生 ）

□(6)
teacher
（ 学生 / 先生 ）

2 次の日本語の意味を表す英語をおぼえているか確認しましょう。わからなかったものにはチェックを入れましょう。

□(1) グラウンド _____ground_____

□(2) チーム _____team_____

□(3) 学校 _____school_____

□(4) 教室 _____classroom_____

□(5) クラブ _____club_____

□(6) 友達と一緒に with my _____friend_____

ヒント

★ ground ★ school ★ club ★ friend ★ team ★ classroom

おぼえていなかった単語は**単語帳 42 ページ**にもどって，もういちど確認しよう。

17 学校②

1 次の単語の意味を選びましょう。わからなかったものにはチェックを入れましょう。

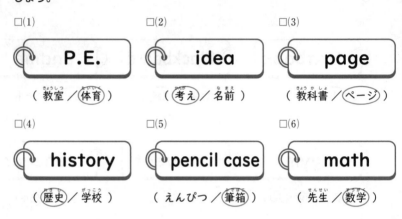

□(1)

P.E.

（ 教室 ／ 体育 ）

□(2)

idea

（ 考え ／ 名前 ）

□(3)

page

（ 教科書 ／ ページ ）

□(4)

history

（ 歴史 ／ 学校 ）

□(5)

pencil case

（ えんぴつ ／ 筆箱 ）

□(6)

math

（ 先生 ／ 数学 ）

2 次の日本語の意味を表す英語をおぼえているか確認しましょう。わからなかったものにはチェックを入れましょう。

□(1) 美術 　　　　　　 art
□(2) 理科 　　　　　　 science
□(3) 得点 　　　　　　 score
□(4) 音楽 　　　　　　 music
□(5) テスト 　　　　　 test
□(6)（学校の）教科 　 subject

ヒント　★ score　★ test　★ music　★ art　★ science　★ subject

おぼえていなかった単語は**単語帳 44 ページ**にもどって，もういちど確認しよう。

18 体（からだ）

1 次の単語の意味を選びましょう。わからなかったものにはチェックを入れましょう。

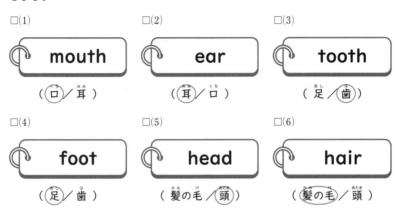

□(1)
mouth
（ 口 ／ 耳 ）

□(2)
ear
（ 耳 ／ 口 ）

□(3)
tooth
（ 足 ／ 歯 ）

□(4)
foot
（ 足 ／ 歯 ）

□(5)
head
（ 髪の毛 ／ 頭 ）

□(6)
hair
（ 髪の毛 ／ 頭 ）

2 次の日本語の意味を表す英語をおぼえているか確認しましょう。わからなかったものにはチェックを入れましょう。

□(1) （手の）指　　　finger
□(2) 肩　　　shoulder
□(3) 脚　　　leg
□(4) 腕　　　arm
□(5) 手　　　hand
□(6) 顔　　wash my　face

ヒント　★ arm　★ face　★ leg　★ finger　★ shoulder　★ hand

> おぼえていなかった単語は**単語帳 46 ページ**にもどって，もういちど確認しよう。

1 次の絵を表す単語をおぼえているか確認しましょう。わからなかったものには
チェックを入れましょう。

□(1) bag

□(2) shoes

□(3) cap

□(4) coat

□(5) gloves

□(6) umbrella

ヒント ★ coat ★ umbrella ★ gloves ★ bag ★ shoes ★ cap

2 次の日本語の意味を表す英語をおぼえているか確認しましょう。わからなかっ
たものにはチェックを入れましょう。

□(1) ポケット　　　　pocket

□(2) シャツ　　　　　shirt

□(3) 腕時計　　　　　watch

□(4) ジャケット　　　jacket

□(5) スカート　　　　skirt

□(6) Tシャツ　　　　T-shirt

ヒント ★ jacket ★ T-shirt ★ skirt ★ watch ★ pocket ★ shirt

▶ おぼえていなかった単語は**単語帳 48 ページ**にもどって，もういちど確認しよう。

20 色 （いろ）

1 次（つぎ）の単語（たんご）の意味（いみ）を選（えら）びましょう。わからなかったものにはチェックを入（い）れましょう。

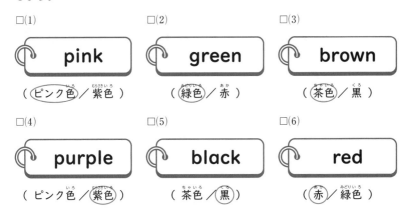

□(1)

pink

（ ピンク色（いろ）／ 紫色（むらさきいろ） ）

□(2)

green

（ 緑色（みどりいろ）／ 赤（あか） ）

□(3)

brown

（ 茶色（ちゃいろ）／ 黒（くろ） ）

□(4)

purple

（ ピンク色（いろ）／ 紫色（むらさきいろ） ）

□(5)

black

（ 茶色（ちゃいろ）／ 黒（くろ） ）

□(6)

red

（ 赤（あか）／ 緑色（みどりいろ） ）

2 次（つぎ）の日本語（にほんご）の意味（いみ）を表（あらわ）す英語（えいご）をおぼえているか確認（かくにん）しましょう。わからなかったものにはチェックを入（い）れましょう。

□(1) 黄色（きいろ）　　　　　yellow
□(2) オレンジ色（いろ）　　　orange
□(3) 白（しろ）　　　　　　　white
□(4) 色（いろ）　　　　　　　color
□(5) 青（あお）　　　　　　　blue
□(6) 写真（しゃしん）をとる　take a　picture

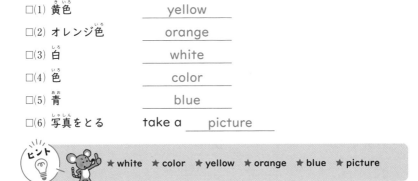

ヒント

★ white ★ color ★ yellow ★ orange ★ blue ★ picture

▷ おぼえていなかった単語（たんご）は**単語帳（たんごちょう）50 ページ**にもどって，もういちど確認（かくにん）しよう。

間違ってもまたチャレンジ!

1 次の絵を表す単語をおぼえているか確認しましょう。わからなかったものには
チェックを入れましょう。

□(1)
racket

□(2)
soccer

□(3)
basketball

□(4)
volleyball

□(5)
baseball

□(6)
badminton

ヒント
★ badminton　★ racket　★ basketball　★ volleyball
★ soccer　　　★ baseball

2 次の日本語の意味を表す英語をおぼえているか確認しましょう。わからなかっ
たものにはチェックを入れましょう。

□(1) スポーツ　　　　　 sport

□(2) ソフトボール　　　 softball

□(3) ラグビー　　　　　 rugby

□(4) 試合　　　　　　　 game

□(5) ボール　　　　　　 ball

□(6) テニスをする　 play　tennis

ヒント
★ tennis　★ sport　★ game　★ rugby　★ softball　★ ball

▷ おぼえていなかった単語は**単語帳 52 ページ**にもどって，もういちど確認しよう。

22 生き物

1 次の絵を表す単語をおぼえているか確認しましょう。わからなかったものには
チェックを入れましょう。

□(1)
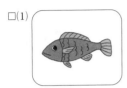
fish

□(2)

elephant

□(3)
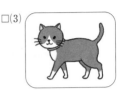
cat

□(4)

dog

□(5)

horse

□(6)

bird

  ★ dog ★ bird ★ cat ★ elephant ★ horse ★ fish

2 次の日本語の意味を表す英語をおぼえているか確認しましょう。わからなかっ
たものにはチェックを入れましょう。

□(1) ウサギ　　　　　rabbit

□(2) ハツカネズミ　　mouse

□(3) ヒツジ　　　　　sheep

□(4) サル　　　　　　monkey

□(5) 動物　　　　　　animal

□(6) ハムスター　　　hamster

  ★ monkey ★ mouse ★ rabbit ★ sheep ★ animal
★ hamster

> おぼえていなかった単語は**単語帳 54 ページ**にもどって，もういちど確認しよう。

1 次の絵を表す単語をおぼえているか確認しましょう。わからなかったものには
チェックを入れましょう。

□(1)

summer

□(2)

winter

□(3)

spring

ヒント ★ winter ★ summer ★ spring

2 次の日本語の意味を表す英語をおぼえているか確認しましょう。わからなかっ
たものにはチェックを入れましょう。

□(1) メートル   meter

□(2) キロメートル   kilometer

□(3) 秋   fall

□(4) 円   yen

□(5) ドル   dollar

□(6) グラム   gram

□(7) セント   cent

□(8) キログラム   kilogram

□(9) センチメートル   centimeter

ヒント ★ yen ★ gram ★ dollar ★ fall ★ kilometer
★ meter ★ cent ★ centimeter ★ kilogram

> おぼえていなかった単語は**単語帳 56 ページ**にもどって，もういちど確認しよう。

24 国・都市・言語

1 次の絵を表す単語をおぼえているか確認しましょう。わからなかったものにはチェックを入れましょう。

□(1)
Australia

□(2)
Brazil

□(3)
Japan

 ★ Brazil ★ Australia ★ Japan

2 次の日本語の意味を表す英語をおぼえているか確認しましょう。わからなかったものにはチェックを入れましょう。

□(1) 国   country

□(2) 都市   city

□(3) 世界   world

□(4) フランス語   French

□(5) 中国語   Chinese

□(6) 日本語   Japanese

□(7) シンガポール   Singapore

□(8) カナダ   Canada

□(9) 英語を話す   speak   English

 ★ Chinese ★ country ★ French ★ Japanese ★ English
★ city ★ Singapore ★ Canada ★ world

> おぼえていなかった単語は**単語帳 58 ページ**にもどって，もういちど確認しよう。

1 次の単語の意味を選びましょう。わからなかったものにはチェックを入れましょう。

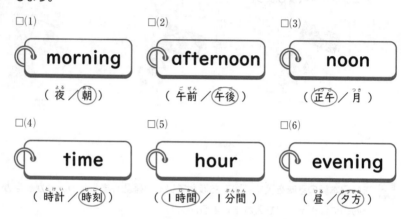

□(1)

morning

（ 夜 ／(朝) ）

□(2)

afternoon

（ 午前 ／(午後) ）

□(3)

noon

（(正午) ／ 月 ）

□(4)

time

（ 時計 ／(時刻) ）

□(5)

hour

（(1時間) ／ 1分間 ）

□(6)

evening

（ 昼 ／(夕方) ）

2 次の日本語の意味を表す英語をおぼえているか確認しましょう。わからなかったものにはチェックを入れましょう。

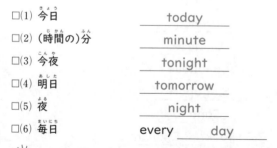

□(1) 今日 _____today_____

□(2) （時間の）分 _____minute_____

□(3) 今夜 _____tonight_____

□(4) 明日 _____tomorrow_____

□(5) 夜 _____night_____

□(6) 毎日 every ____day____

ヒント ★ day ★ tomorrow ★ tonight ★ night ★ minute ★ today

> おぼえていなかった単語は**単語帳 60 ページ**にもどって，もういちど確認しよう。

26 日付①

1 次の単語の意味を選びましょう。わからなかったものにはチェックを入れましょう。

□(1)

Tuesday

（ 木曜日 ／~~火曜日~~ ）

□(2)

Monday

（ 日曜日 ／~~月曜日~~ ）

□(3)

Thursday

（ ~~木曜日~~ ／ 火曜日 ）

□(4)

Sunday

（ 月曜日 ／~~日曜日~~ ）

□(5)

month

（~~月~~／ 日付 ）

□(6)

date

（ ~~日付~~ ／ 月 ）

2 次の日本語の意味を表す英語をおぼえているか確認しましょう。わからなかったものにはチェックを入れましょう。

□(1) 金曜日　　　　　_Friday_

□(2) 水曜日　　　　_Wednesday_

□(3) 週末　　　　　_weekend_

□(4) 週　　　　　　_week_

□(5) 年　　　　　　_year_

□(6) 土曜日に　　on _Saturday_

ヒント
★ week　　★ Wednesday　　★ Friday　　★ year
★ Saturday　★ weekend

> おぼえていなかった単語は**単語帳 62 ページ**にもどって，もういちど確認しよう。

27 日付②

<ruby>日付<rt>ひづけ</rt></ruby>②

1 <ruby>次<rt>つぎ</rt></ruby>の<ruby>絵<rt>え</rt></ruby>が<ruby>表<rt>あらわ</rt></ruby>す<ruby>月<rt>つき</rt></ruby>の<ruby>名前<rt>なまえ</rt></ruby>をおぼえているか<ruby>確認<rt>かくにん</rt></ruby>しましょう。わからなかったものにはチェックを<ruby>入<rt>い</rt></ruby>れましょう。

□(1) April

□(2) March

□(3) May

□(4) June

□(5) July

□(6) December

ヒント

★ March ★ May ★ June ★ December ★ July ★ April

2 <ruby>次<rt>つぎ</rt></ruby>の<ruby>日本語<rt>にほんご</rt></ruby>の<ruby>意味<rt>いみ</rt></ruby>を<ruby>表<rt>あらわ</rt></ruby>す<ruby>英語<rt>えいご</rt></ruby>をおぼえているか<ruby>確認<rt>かくにん</rt></ruby>しましょう。わからなかったものにはチェックを<ruby>入<rt>い</rt></ruby>れましょう。

□(1) 8<ruby>月<rt>がつ</rt></ruby>　　　August

□(2) 10<ruby>月<rt>がつ</rt></ruby>　　　October

□(3) 11<ruby>月<rt>がつ</rt></ruby>　　　November

□(4) 9<ruby>月<rt>がつ</rt></ruby>　　　September

□(5) 2<ruby>月<rt>がつ</rt></ruby>　　　February

□(6) 1<ruby>月<rt>がつ</rt></ruby>に　　in　January

ヒント

★ August ★ October ★ January ★ February
★ November ★ September

▷ おぼえていなかった<ruby>単語<rt>たんご</rt></ruby>は**<ruby>単語帳<rt>たんごちょう</rt></ruby>64ページ**にもどって，もういちど<ruby>確認<rt>かくにん</rt></ruby>しよう。

28 数 ①

1 次の表の＿＿＿＿に入る単語をおぼえているか確認しましょう。わからなかったものにはチェックを入れましょう。

□番号	number		15(の)	fifteen
1(の)	one		□16(の)	sixteen
2(の)	two		17(の)	seventeen
□3(の)	three		18(の)	eighteen
□4(の)	four		19(の)	nineteen
5(の)	five		□20(の)	twenty
6(の)	six		30(の)	thirty
7(の)	seven		□40(の)	forty
□8(の)	eight		□50(の)	fifty
9(の)	nine		60(の)	sixty
10(の)	ten		70(の)	seventy
11(の)	eleven		80(の)	eighty
□12(の)	twelve		90(の)	ninety
□13(の)	thirteen		□100(の)	hundred
14(の)	fourteen		□1000(の)	thousand

ヒント ★ hundred ★ fifty ★ number ★ twelve ★ eight ★ thirteen ★ forty ★ three ★ twenty ★ thousand ★ sixteen ★ four

> おぼえていなかった単語は**単語帳 66 ページ**にもどって，もういちど確認しよう。

29 数②

1 次の表の＿＿＿に入る単語をおぼえているか確認しましょう。わからなかったものにはチェックを入れましょう。

□1番目(の)	first
□2番目(の)	second
□3番目(の)	third
□4番目(の)	fourth
□5番目(の)	fifth
6番目(の)	sixth
7番目(の)	seventh
□8番目(の)	eighth
□9番目(の)	ninth
10番目(の)	tenth
□11番目(の)	eleventh
□12番目(の)	twelfth
13番目(の)	thirteenth

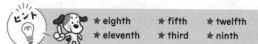

ヒント

★ eighth ★ fifth ★ twelfth ★ first ★ second
★ eleventh ★ third ★ ninth ★ fourth

▷ おぼえていなかった単語は**単語帳 68 ページ**にもどって，もういちど確認しよう。

1 次の表の ⬚ に入る代名詞をおぼえているか確認しましょう。わからなかったものにはチェックを入れましょう。

	～は, ～が	～の	～を, ～に	～のもの
私	I	□ my	□ me	□ mine
あなた あなたたち	you	your	you	□ yours
彼	he	his	□ him	his
彼女	she	□ her	her	□ hers
それ	it	□ its	it	–
私たち	we	our	□ us	□ ours
彼[彼女]ら それら	they	□ their	□ them	theirs

ヒント　★ yours　★ him　★ mine　★ her　★ its　★ us　★ hers
★ their　★ my　★ me　★ them　★ ours

▶ おぼえていなかった単語は**単語帳 70 ページ**にもどって，もういちど確認しよう。

その調子だよ！

1 次の日本語の意味を表す単語をおぼえているか確認しましょう。わからなかったものにはチェックを入れましょう。

☐(1)	あれら	those
☐(2)	もの	one
☐(3)	一つの	a, an[one]
☐(4)	あれ	that
☐(5)	その	the[that]
☐(6)	みんな	everyone
☐(7)	これ	this
☐(8)	これら	these

ヒント

★ everyone ★ this ★ these ★ those ★ that
★ a, an ★ the ★ one

▶ おぼえていなかった単語は**単語帳 72 ページ**にもどって，もういちど確認しよう。

32 動詞①

1 次の単語の意味を選びましょう。わからなかったものにはチェックを入れましょう。

□(1)

need

(~を必要とする / ~できる)

□(2)

know

(~を書く / ~を知っている)

□(3)

live

(~に乗る / 住んでいる)

□(4)

want

(~がほしい / 働く)

□(5)

like

(聞く / ~が好きである)

□(6)

have

(~を持っている / ~を使う)

2 次の日本語の意味を表す英語をおぼえているか確認しましょう。わからなかったものにはチェックを入れましょう。

□(1) 音楽が大好きである   _____love_____ music

□(2) 私はそう思います。   I _____think_____ so.

□(3) 私は彼の姉[妹]です。   I _____am_____ his sister.

□(4) 彼はコックです。   He _____is_____ a cook.

□(5) 彼らは生徒です。   They _____are_____ students.

□(6) 静かにしてください。   Please _____be_____ quiet.

ヒント

★ is ★ are ★ love ★ be ★ think ★ am

▶ おぼえていなかった単語は**単語帳 74 ページ**にもどって, もういちど確認しよう。

33 動詞②／助動詞

1 次の絵を表す単語をおぼえているか確認しましょう。わからなかったものにはチェックを入れましょう。

□(1) meet

□(2) come

□(3) go

□(4) see

□(5) stop

□(6) find

ヒント
★ see ★ find ★ meet ★ stop ★ go ★ come

2 次の日本語の意味を表す英語をおぼえているか確認しましょう。わからなかったものにはチェックを入れましょう。

□(1) 7時に始まる　　　　　　　start[begin] at seven

□(2) 速く走ることができる　　　can run fast

□(3) コンサートを始める　　　　begin[start] a concert

□(4) あれらの花を見る　　　　　look at those flowers

□(5) あなたはテニスをしますか。　Do you play tennis?

□(6) 彼はじょうずに料理をしますか。Does he cook well?

ヒント
★ can ★ look ★ start ★ begin ★ does ★ do

おぼえていなかった単語は**単語帳76ページ**にもどって，もういちど確認しよう。

1 次の絵を表す単語をおぼえているか確認しましょう。わからなかったものには
チェックを入れましょう。

□(1)
skate

□(2)
take

□(3)
rain

□(4)
ski

□(5)
snow

□(6)
swim

★ take ★ ski ★ swim ★ snow ★ skate ★ rain

2 次の日本語の意味を表す英語をおぼえているか確認しましょう。わからなかっ
たものにはチェックを入れましょう。

□(1) Eメールを受け取る   <u>get</u> an e-mail

□(2) 病院で働く   <u>work</u> at a hospital

□(3) 夏にキャンプをする   <u>camp</u> in summer

□(4) コンピューターを使う   <u>use</u> a computer

□(5) ギターを練習する   <u>practice</u> the guitar

□(6) すみません。   <u>Excuse</u> me.

★ get ★ camp ★ practice ★ work ★ use ★ excuse

> おぼえていなかった単語は**単語帳78ページ**にもどって，もういちど確認しよう。

35 動詞④

1 次の絵を表す単語をおぼえているか確認しましょう。わからなかったものには
チェックを入れましょう。

□(1)

call

□(2)

brush

□(3)

wash

□(4)

drink

□(5)

sleep

□(6)

listen

ヒント

★ listen ★ wash ★ drink ★ sleep ★ call ★ brush

2 次の日本語の意味を表す英語をおぼえているか確認しましょう。わからなかっ
たものにはチェックを入れましょう。

□(1) 紙を切る _____cut_____ the paper

□(2) ケーキを作る _____make_____ a cake

□(3) 朝食にパンを食べる _____eat_____ bread for breakfast

□(4) 熱心に英語を勉強する _____study_____ English hard

□(5) 昼食を料理する _____cook_____ lunch

□(6) 私はいつも彼女を手伝います。 I always _____help_____ her.

ヒント

★ cook ★ cut ★ help ★ eat ★ study ★ make

> おぼえていなかった単語は**単語帳 80 ページ**にもどって，もういちど確認しよう。

36 動詞⑤

1 次の単語の意味を選びましょう。わからなかったものにはチェックを入れましょう。

□(1)

open

(~を開ける / ~を閉める)

□(2)

sit

(すわる / 立つ)

□(3)

speak

(~を買う / ~を話す)

□(4)

close

(~を閉める / ~を開く)

□(5)

stand

(すわる / 立つ)

□(6)

clean

(~をそうじする / ~を切る)

2 次の日本語の意味を表す英語をおぼえているか確認しましょう。わからなかったものにはチェックを入れましょう。

□(1) 学校で数学[算数]を教える　　　　teach　math at school

□(2) いくらかのお金を与える　　　　give　some money

□(3) いすの上に私のかばんを置く　　put　my bag on the chair

□(4) 本を読む　　　　read　a book

□(5) 私の名前を書く　　　　write　my name

□(6) 彼らと話す　　　　talk　to them

ヒント　★ teach　★ write　★ read　★ give　★ put　★ talk

> おぼえていなかった単語は**単語帳 82 ページ**にもどって，もういちど確認しよう。

37 動詞 ⑥

1 次の絵を表す単語をおぼえているか確認しましょう。わからなかったものには チェックを入れましょう。

□(1) paint

□(2) run

□(3) ride

□(4) fly

□(5) jump

□(6) buy

★ ride ★ fly ★ jump ★ run ★ buy ★ paint

2 次の日本語の意味を表す英語をおぼえているか確認しましょう。わからなかっ たものにはチェックを入れましょう。

□(1) パーティーを楽しむ　　　　enjoy　　the party

□(2) 毎朝ジョギングをする　　　jog　　every morning

□(3) 歌を歌う　　　　　　　　　sing　　a song

□(4) 音楽に合わせて踊る　　　　dance　　to the music

□(5) 公園を歩く　　　　　　　　walk　　in the park

□(6) 野球をする　　　　　　　　play　　baseball

★ play ★ dance ★ enjoy ★ walk ★ sing ★ jog

▶ おぼえていなかった単語は**単語帳 84 ページ**にもどって，もういちど確認しよう。

天候・体調など

1 次の絵を表す単語をおぼえているか確認しましょう。わからなかったものには
チェックを入れましょう。

□(1)
snowy

□(2)
cold

□(3)
rainy

□(4)
sunny

□(5)
cloudy

□(6)
hot

ヒント ★ cold ★ sunny ★ cloudy ★ snowy ★ rainy ★ hot

2 次の日本語の意味を表す英語をおぼえているか確認しましょう。わからなかっ
たものにはチェックを入れましょう。

□(1) 東京は暖かいですか。　　Is it ___warm___ in Tokyo?

□(2) 私は元気です。　　I am ___fine___ .

□(3) 今日は風が強いです。　　It is ___windy___ today.

□(4) 彼は眠いです。　　He is ___sleepy___ .

□(5) 私は幸せです。　　I am ___happy___ .

□(6) 母は忙しいです。　　My mother is ___busy___ .

ヒント ★ happy ★ busy ★ fine ★ windy ★ warm ★ sleepy

> おぼえていなかった単語は**単語帳 86 ページ**にもどって，もういちど確認しよう。

39 体調・大きさなど

1 次の絵を表す単語をおぼえているか確認しましょう。わからなかったものにはチェックを入れましょう。

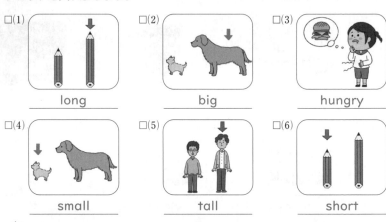

□(1) long

□(2) big

□(3) hungry

□(4) small

□(5) tall

□(6) short

ヒント ★ small ★ long ★ hungry ★ short ★ big ★ tall

2 次の日本語の意味を表す英語をおぼえているか確認しましょう。わからなかったものにはチェックを入れましょう。

□(1) 高い山　　　　　a ___high___ mountain

□(2) よい友達　　　　___good___ friends

□(3) 大きいTシャツ　a ___large___ T-shirt

□(4) 小さい女の子　　a ___little___ girl

□(5) すてきな帽子　　a ___nice___ hat

□(6) 彼はすばらしいです。　He is ___great___ .

ヒント ★ great ★ high ★ little ★ large ★ good ★ nice

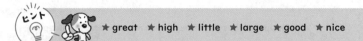
▶ おぼえていなかった単語は**単語帳88ページ**にもどって，もういちど確認しよう。

40 量・その他

1 次の単語の意味を選びましょう。わからなかったものにはチェックを入れましょう。

□(1)

(**right**)

（ 軽い ／(正しい) ）

□(2)

(**pretty**)

（(きれいな) ／ 大きい ）

□(3)

(**easy**)

（(簡単な) ／ 難しい ）

□(4)

(**free**)

（ 忙しい ／(ひまな) ）

□(5)

(**much**)

（ 安い ／(量が)たくさんの) ）

□(6)

(**beautiful**)

（(美しい) ／ 寒い ）

2 次の日本語の意味を表す英語をおぼえているか確認しましょう。わからなかったものにはチェックを入れましょう。

□(1) いくらかの水を飲む　　drink ___some___ water

□(2) たくさんの生徒　　___many___ students

□(3) かわいいかばん　　a ___cute___ bag

□(4) 私のすべての友人　　___all___ my friends

□(5) 夕食は用意ができてます。　Dinner is ___ready___ .

□(6) あなたは何かペットを飼っていますか。Do you have ___any___ pets?

ヒント

★ many　★ all　★ cute　★ any　★ some　★ ready

> おぼえていなかった単語は**単語帳 90 ページ**にもどって，もういちど確認しよう。

43

41 状態など

1 次の絵を表す単語をおぼえているか確認しましょう。わからなかったものにはチェックを入れましょう。

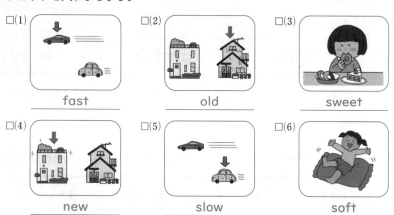

□(1) fast

□(2) old

□(3) sweet

□(4) new

□(5) slow

□(6) soft

★ slow ★ new ★ sweet ★ fast ★ soft ★ old

2 次の日本語の意味を表す英語をおぼえているか確認しましょう。わからなかったものにはチェックを入れましょう。

□(1) 毎週月曜日に   <u>every</u> Monday

□(2) 若い男性   a <u>young</u> man

□(3) 私のお気に入りの食べ物   my <u>favorite</u> food

□(4) 次の日曜日   <u>next</u> Sunday

□(5) 最終列車   the <u>last</u> train

□(6) 電車は遅れています。   The train is <u>late</u>.

★ last ★ late ★ next ★ every ★ favorite ★ young

> おぼえていなかった単語は**単語帳92ページ**にもどって，もういちど確認しよう。

42 場所・頻度・時間

1 次の単語の意味を選びましょう。わからなかったものにはチェックを入れましょう。

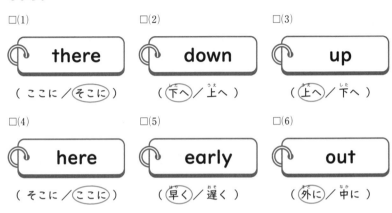

□(1)
there
(ここに ／ そこに)

□(2)
down
(下へ ／ 上へ)

□(3)
up
(上へ ／ 下へ)

□(4)
here
(そこに ／ ここに)

□(5)
early
(早く ／ 遅く)

□(6)
out
(外に ／ 中に)

2 次の日本語の意味を表す英語をおぼえているか確認しましょう。わからなかったものにはチェックを入れましょう。

□(1) 私は帰宅して，それからピアノをひきます。 I get home and <u>then</u> play the piano.

□(2) 私はいつも5時に宿題をします。 I <u>always</u> do my homework at five.

□(3) 私たちは今，テレビを見ています。 We are watching TV <u>now</u> .

□(4) 私はたいてい朝食にサラダを食べます。 I <u>usually</u> eat salad for breakfast.

□(5) 私たちはときどき電話で話します。 We <u>sometimes</u> talk on the phone.

□(6) 私はしばしばコンピューターを使います。 I <u>often</u> use a computer.

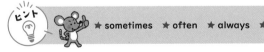

ヒント ★ sometimes ★ often ★ always ★ usually ★ now ★ then

> おぼえていなかった単語は**単語帳94ページ**にもどって，もういちど確認しよう。

45

43 その他

1 次の単語の意味を選びましょう。わからなかったものにはチェックを入れましょう。

□(1)

also

(いつも ／ ~もまた)

□(2)

just

(ただ~だけ ／ ~ころ)

□(3)

really

(たいてい ／ 本当に)

□(4)

please

(~しましょう ／ どうぞ)

□(5)

around

(~ころ ／ ちょうど)

□(6)

well

(じょうずに ／ 早く)

2 次の日本語の意味を表す英語をおぼえているか確認しましょう。わからなかったものにはチェックを入れましょう。

□(1) 土曜日にだけ　　　　　　　<u>only</u>　on Saturdays

□(2) 朝の5時　　　　　　　　5　<u>o'clock</u>　in the morning

□(3) いっしょに勉強する　　　study　<u>together</u>

□(4) それは私のものではありません。　That is　<u>not</u>　mine.

□(5) 私もネコが好きです。　　I like cats,　<u>too</u>　.

□(6) 彼女の日本語はとてもじょうずです。Her Japanese is　<u>very</u>　good.

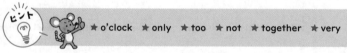

ヒント　★ o'clock　★ only　★ too　★ not　★ together　★ very

> おぼえていなかった単語は**単語帳 96 ページ**にもどって，もういちど確認しよう。

44 前置詞（ぜんちし）

1 次（つぎ）の単語（たんご）の意味（いみ）を選（えら）びましょう。わからなかったものにはチェックを入（い）れましょう。

□(1)

before

（ ~の前（まえ）に / ~の後（あと）に ）

□(2)

from

（ ~から / ~へ ）

□(3)

in

（ ~の上（うえ）に / ~の中（なか）に ）

□(4)

about

（ ~のために / ~についての ）

□(5)

on

（ ~の上（うえ）に / ~の中（なか）に ）

□(6)

after

（ ~の前（まえ）に / ~の後（あと）に ）

2 次（つぎ）の日本語（にほんご）の意味（いみ）を表（あらわ）す英語（えいご）をおぼえているか確認（かくにん）しましょう。わからなかったものにはチェックを入（い）れましょう。

□(1) 友達（ともだち）といっしょに出（で）かける　go out ___with___ my friends

□(2) 昼食（ちゅうしょく）にハンバーガーを食（た）べる　eat a hamburger ___for___ lunch

□(3) その花（はな）の名前（なまえ）　the name ___of___ the flower

□(4) 海（うみ）のそばに住（す）む　live ___by___ the sea

□(5) バス停（てい）で会（あ）う　meet ___at___ the bus stop

□(6) 私（わたし）のネコはテーブルの下（した）にいます。My cat is ___under___ the table.

ヒント

★ of　★ with　★ at　★ for　★ under　★ by

おぼえていなかった単語（たんご）は**単語帳（たんごちょう）98 ページ**にもどって，もういちど確認（かくにん）しよう。

45 接続詞／疑問詞

1 次の単語の意味を選びましょう。わからなかったものにはチェックを入れましょう。

□(1)

but

（ それで ／(けれども)）

□(2)

and

（(〜と…)／ 〜か…）

□(3)

where

（(どこに)／ いつ ）

□(4)

so

（(それで)／ けれども ）

□(5)

when

（ どこに ／(いつ)）

□(6)

or

（ 〜と… ／(〜か…)）

2 次の日本語の意味を表す英語をおぼえているか確認しましょう。わからなかったものにはチェックを入れましょう。

□(1) あなたは何をしていますか。 ___What___ are you doing?

□(2) あなたはどうやってそこに行きますか。 ___How___ do you go there?

□(3) これはだれの帽子ですか。 ___Whose___ cap is this?

□(4) どのペンがほしいですか。 ___Which___ pen do you want?

□(5) なぜ彼は忙しいのですか。 ___Why___ is he busy?

□(6) この男性はだれですか。 ___Who___ is this man?

ヒント ★ what ★ who ★ why ★ which ★ how ★ whose

▷ おぼえていなかった単語は**単語帳 100 ページ**にもどって，もういちど確認しよう。

1 次の絵が表す熟語をおぼえているか確認しましょう。わからなかったものには
チェックを入れましょう。

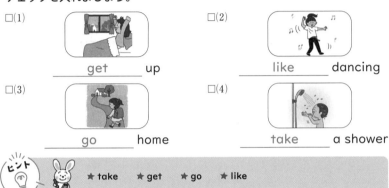

□(1) ＿＿＿get＿＿＿ up

□(2) ＿＿＿ like dancing

□(3) ＿＿＿go＿＿＿ home

□(4) ＿＿＿ take a shower

ヒント ★ take ★ get ★ go ★ like

2 ■に単語をあてはめて熟語を完成させましょう。わからなかったものには
チェックを入れましょう。

□(1) I go to school at eight.
私は8時に学校に行きます。

□(2) I do my homework at night.
私は夜に宿題をします。

□(3) We go fishing on weekends.
私たちは週末に釣りに行きます。

□(4) He always listens to his favorite songs.
彼はいつも彼のお気に入りの歌を聞きます。

□(5) Mr. Smith often speaks to me.
スミスさんはよく私と話します。

□(6) I take a bath after dinner.
私は夕食後に風呂に入ります。

ヒント ★ listens ★ do ★ go ★ speaks ★ take ★ go

▷ おぼえていなかった熟語は**単語帳104ページ**にもどって，もういちど確認しよう。

47 動詞の働きをする熟語②

1 次の絵が表す熟語をおぼえているか確認しましょう。わからなかったものには
チェックを入れましょう。

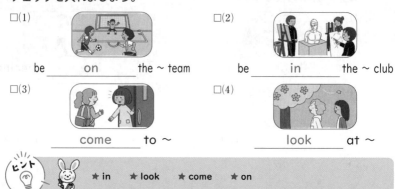

□(1)
be ___on___ the ~ team

□(2)
be ___in___ the ~ club

□(3)
___come___ to ~

□(4)
___look___ at ~

ヒント

★ in　★ look　★ come　★ on

2 ▢ に単語をあてはめて熟語を完成させましょう。わからなかったものには
チェックを入れましょう。

□(1) Let's take pictures here.
ここで写真をとりましょう。

□(2) They live in London now.
彼らは今ロンドンに住んでいます。

□(3) Sit down, please.
すわってください。

□(4) Please stand up, everyone.
みなさん，立ち上がってください。

□(5) I come from America.
私はアメリカの出身です。

□(6) They often talk about their teachers.
彼らはよく彼らの教師について話します。

ヒント

★ talk　★ up　★ live　★ take　★ down　★ come

▶ おぼえていなかった熟語は**単語帳 106 ページ**にもどって，もういちど確認しよう。

48 その他の熟語

1 次の絵が表す熟語をおぼえているか確認しましょう。わからなかったものには
チェックを入れましょう。

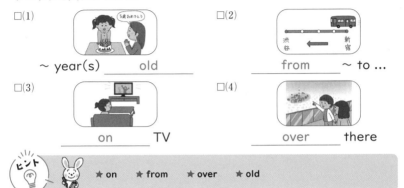

□(1) ~ year(s) ＿＿＿old＿＿＿

□(2) ＿＿＿from＿＿＿ ~ to ...

□(3) ＿＿＿on＿＿＿ TV

□(4) ＿＿＿over＿＿＿ there

ヒント

★ on ★ from ★ over ★ old

2 日本語に合うように，（ ）内の適する単語を選びましょう。まちがえたもの
にはチェックを入れましょう。

□(1) He studies (in /(at)) home on weekends.
彼は週末に家で勉強します。

□(2) She drinks a (cap /(cup)) of tea every morning.
彼女は毎朝カップ1杯の紅茶を飲みます。

□(3) She wants a ((glass)/ lot) of water.
彼女はコップ1杯の水をほしがっています。

□(4) She has a ((lot)/ much) of books.
彼女はたくさんの本を持っています。

□(5) They are ((at)/ of) school.
彼らは学校にいます。

□(6) The girls sometimes go shopping ((after)/ before) school.
その女の子たちは放課後，ときどき買い物に行きます。

▷ おぼえていなかった熟語は**単語帳 108 ページ**にもどって，もういちど確認しよう。

51

2 1 0 9 8 7 6 5 4 3
* * D C B A